DIVORCE

弁護士が書いた

30代離婚の教科書

幸せになるための完全離活《りかつ》ガイド

姉小路法律事務所 弁護士
大川浩介／辻 祥子

SOGO HOREI PUBLISHING CO., LTD

まえがき

本書は30代の方々のために書かれた離婚ガイドです。

私たちは弁護士として毎日のように離婚の相談をお受けしていますが、30代の方のご相談がとても多いです。統計的にもこの世代の離婚率が最も高くなっています。

この30代の離婚には次のような特徴があります。

◆離婚後の人生がまだまだ長く、この離婚の経験を生かして「人生の仕切り直し」ができる。

◆新しい出会いや再婚の可能性がたくさんある。

◆婚姻期間が比較的短いこともあり、夫婦で作った財産はそれほど多くない。

◆反対に多額の住宅ローンを抱えている。

◆まだまだ手がかかる小さな子どもがいる。

◆小さな子どもがいる関係で、専業主婦であったりパート勤務であるため、妻の収入が

十分でなく離婚後の生計に不安がある。

◆お見合いパーティーやネットで知り合い、そのまま勢いで結婚するも、折り合いをつけられないほどの価値観や性格の違いが明らかとなって（時には結婚して数か月で）離婚したいと考えるケースも多い。

こういった特徴から、30代は離婚して幸せになるチャンスがまだまだある一方で、離婚のしかたを間違ってしまうと悔いの残る離婚となり、かえって不幸せになってしまう危険性も秘めています。

たとえば、離婚した後、多額の住宅ローンを誰がどのように支払っていくのか、離婚に際して自宅不動産を売却しようとしてもオーバーローン（売却しても住宅ローン残を完済できない状態）であった場合にどう解決するかは、慎重に検討する必要がある問題です。

また、預貯金や保険などの財産分与にしても、それほど多くないばかりに、かえってお互いに譲歩できずにもめることもあります。

さらに、小さな子どもがいると、離婚に伴って解決しなければならない問題がたくさんあります。親権をどちらが取得するか、養育費をどう負担するのか、面会交流（面接交渉）はどうするのかといったことで激しく対立することがあります。

そして、妻が専業主婦であったりパート勤務で収入が十分でない場合は、離婚後に妻がどのように生計を立てていくのかも大きな問題になります。

また、別れたい理由が価値観や性格の相違である場合、相手が離婚に応じようとしないときは不毛な争いが長期間にわたって続きかねません。

このようなことを踏まえ、30代の方が離婚して幸せになるために、正確でわかりやすいアドバイスが必要であると思い、特に30代の方に向けてこの本を書きました。


本書の特徴の一つは、離婚事件を数多く手がけている弁護士が一般の方に向けて書いた実践的なガイド本であるということです。

最近は、ご自身が離婚を体験した人、カウンセラー、行政書士など、弁護士ではない方が離婚について本を書いたり、インターネットで情報を発信することが多くなりました。大きな書店に行けば同じような離婚の本がたくさん並んでいて、どれを手に取ればよいか悩むほどです。

私たちは、これらの本の有用性を全面的に否定するわけではありません。弁護士として数多くの離婚事件を取り扱っている私たちにとっても参考になる記述も時にはあります。

ただ、そのなかには、法的に不正確な記述や実務にそぐわない記載がみられがちです。また、調停や訴訟に直接携わることがないためか、調停や訴訟への目配りが行き届かないきらいがあります。離婚問題では、「このケースでは、訴訟ではこうなるであろうから調停ではこうすべきである」「調停ではこうなるはずだから、協議ではこうしておくのがベターである」といった考え方が非常に重要なのですが、離婚の調停、裁判の手続きで代理人として活動できるのは弁護士に限られます。専門的にこれらの手続きに直接関与することができない方々が書かれたものには、この大切な視点が欠けているという弱点があるように思います。

私たちは家事事件に力を入れており、毎日のように離婚に関する相談をお受けしています。そのまま離婚協議や離婚調停、離婚訴訟の代理人として活動することもあれば、継続して相談を受けることもあります。その経験を生かして、30代の方に向けて、幸せな再出発のための、「就活」や「婚活」ならぬ「離活」の手引き書を著すことにしました。

本書では、制度や裁判例を平板に説明することは極力避けました（もちろん、必要最小限のことは説明しています）。このような説明が詳しく書かれている本はすでにたくさん刊行されていますし、弁護士の手によるインターネットサイトも多数ありますので、この手の情報には簡単にアクセスできると思います。

むしろ、本書では、私たちがこれまで関わってきた多数の実例を踏まえて、具体的に「すべきこと」「すべきでないこと」をわかりやすく示すことに重点をおいています。実際の行動や判断の指針を示すことに力を注いでいます。

読み方としても、ご自分にとって必要な箇所だけをお読みいただければよいような構成となっています。

どうか本書を手元に置かれて、1人でも多くの方が、新たに幸せな人生を切り拓いていただければ、私たちとしてはこれにまさる喜びはありません。

平成24年1月

姉小路法律事務所
弁護士　大川浩介
弁護士　辻　祥子

第1章　なぜ30代で離婚すると幸せになれるのか

第2章　離活のすすめ

第3章　離婚の手続き・決めごと

子どもの幸せを考える――親権、養育費、面会交流 132

第4章　サポーターをつける

装丁　冨澤崇（Ebranch）
本文デザイン　土屋和泉

第１章

なぜ30代で離婚すると幸せになれるのか

その結婚、まだ続けますか

婚姻件数と離婚件数を対比すると、結婚したカップルの3組に1組が離婚する計算になります。「バツイチ」という言葉もすっかり定着し、離婚についての社会の許容度も高まってきました。

そして、厚生労働省の統計でも、30代の男女の離婚が最も高い割合を示しています（厚生労働省平成21年度「離婚に関する統計」の概況）。

もちろん、他人同士が一つの家庭をつくろうとするのですから、初めからすべてがうまく行くことはありません。

幸せな家庭を築くためには、相手のことをもっと理解しようとする心がけや譲り合いの精神が求められます。他人同士が家族となって絆を深めるためにはそれ相応の努力や我慢が必要であることに異論がある人はいないでしょう。

しかし、努力しても我慢してもどうにもならないことがあるのもまた事実です。

私たちが受けた相談のなかには、「まだやり直せるかもしれない」と思われる事例も時にはあります。そういうケースでは、相談者自身も離婚するかどうかまだ迷っていることが多いです。

しかし、その一方で、これまでの夫婦の「歴史」や現状からすると、もはややり直しの目処が立たず、自分でも「これ以上は我慢できない」と感じているのに、まわりの声や世間体などにとらわれて、婚姻生活を漫然と続けてしまう人も少なくありません。

強い葛藤や静かな絶望の日々を送るうちにメンタル面の不調を抱えるようになる人も多いです。

私たちは相談に来られた方に「5年後、10年後に、２人で幸せな家庭を築いているイメージやビジョンを持つことができますか」と尋ねることがあります。過去に捕われ、現在を生きるのに精一杯で、未来に思いをはせる余裕がないためか、この問いに大いに戸惑う人もいます。

しかし、幸せな家庭を築いているイメージやビジョンを持てないと、それに向けた行動もとれず、やり直しの途は険しいと言わざるをえません。

また、私たちは相談を受けていて「子どもが生まれたら、あの人はきっと変わるはず」といったたぐいの期待をよく耳にしますが、残念ながら、このような期待は裏切られることが多いです。

性格や価値観はこれまでの人生で長い時間をかけて形作られてきたものですので、そう易々と変わりません。浮気やギャンブル、暴力（DV）、浪費、家事の怠慢といった傾向などは性格や価値観に根づいたものであることが多く、そうであれば、子どもができた程度（本当は一大事なのですが）のことでは簡単には改まりません。

特に一度チャンスを与えたにもかかわらず、あやまちをくり返した場合は、今後も同じあやまちを重ねることが多いです。

さらに、30代の方のなかには、子どもがまだ小さいことから、「離婚すると子どもの成長に良くない影響を与えるのではないか」と考えて離婚に踏み切ることができない人もいます。「私さえ我慢すれば……」という切ない思いです。

しかし、子どもは小さくとも両親の関係を敏感に察しています。

両親が互いにいがみ合っている場面を目にしたり、お母さん（お父さん）の悪口を聞かされて育つことは子どもの心に暗い影を落とします。子どもの人格や人間関係の形成、ひいては子ども自身の結婚観にも悪影響が及ぶことが指摘されています。「子どものために」と考えて離婚を思いとどまっていたのに、かえって子どもに深刻な問題を生じさせることにもなりかねないのです。

そこで、**「どうしても合わない」「これ以上続けていくことは無理」と思えるときは、我慢を続けて苦しみを深めるのではなく、きっぱりと「私たちは合わないのだから、違う道を歩むべきだ」「私が幸せになる生き方は別にある」と前向きにとらえて、次のステップへと進んでいただきたいと思います。**

時間は無限ではありません。ご自身の人生を大切にしてください。

ポイント

- **5年後、10年後に、２人で幸せな家庭を築いているイメージやビジョンを持つことができるか。**
- **人は簡単には変わらない。むしろ夫婦という関係を変えることを考える。**

30代はまだまだ可能性がたくさんある

日本人の平均寿命が女性は85歳近くまで、男性は80歳近くまで伸びた現在、まだ**30代であれば、人生の再スタートを切るには十分な時間が残されています。**

ですから、30代の離婚は「新しい幸せな人生」「明るい再出発」に向けて大きく舵を切ることを意味すると位置づけることができます。

しかし、家庭内別居状態を5年、10年と漫然と続け、40代、50代を迎えて相談に来られる方も少なくありません。結婚してすぐに価値観の違いから溝ができてしまい、その後何十年もの婚姻生活を送るなかでその溝を深めていき、子どもが独立して定年間近になってようやく離婚の相談に来られる方もいます。

互いに尊重し支え合うという夫婦としての関係が壊れ、これを取り戻そうという意欲も完全になくなっているのに、離婚を決意するまでに長い年月を要してしまいがちです。30

代から離婚を意識し続けて、40代、50代になってようやく離婚を決意するというパターンです。

確かに、離婚は、それまで家族の基盤となっていた夫婦関係を解消するものですから、夫にとっても妻にとっても大きな変化をもたらします。「離婚は結婚の何倍も大変だ」という言葉をお聞きになったことがあるかもしれませんが、多くの人にとって、この言葉は真実です。離婚した後も新しい生活を軌道に乗せるまでに相当な苦労が待ち受けていることもあります。

しかし、こういった大変さや苦労を乗り越えるパワーが十分に残されているのが、30代という若さです。

30代ですと、その後の人生にはまだいろいろな可能性を秘めています。

離婚というのは多くの人にとって人生に一度あるかないかの経験です。離婚という貴重な体験を通して、いろいろな意味で強くなれる人もいます。

人間的にも成長して自らが魅力的な人となることによって、魅力的な異性と幸せな再婚を果たすチャンスも十分にあります。

「もう結婚はこりごり。再婚なんてありえない」「小さな子どももいるし、異性とつきあうことはしばらくはない」などと言いながら離婚する人も多いのですが、そのような人でも（そのような人に限って？）ほどなくして再婚したり、異性と交際を始めたりされています。


　これは女性の方に多いことですが、仕事の面でも、30代であれば再スタートの可能性がまだまだあります。

　結婚して子どもが生まれるなどして専業主婦になったりパート勤務に就くようになった人も多くいますが、まだ30代ですと、正社員などとして再就職するチャンスがあります。これが40代以降となるとなかなか叶いません。

　また、もともとやりたかった仕事への挑戦も夢ではないはずです。実際、離婚をきっかけとして、それならばと司法試験の受験勉強を始め見事合格して弁護士になった方、学習塾の経営を始めて成功した方、専門学校に通って看護師の資格を取得した方もいます。

まだ30代でしたら、うまくいかない結婚生活をいたずらに続けて自らの可能性を閉じていくよりも、離婚して新しい人生を歩き始める方が幸せになれる確率は高いといえるでしょう。

ポイント

●30代で離婚して幸せになれる要素はたくさんある。

30代の離婚でも、離婚のしかたを誤ると再出発が難しくなる

30代で離婚することが幸せな人生を新たにつかむための再出発となると申しましたが、ただ注意しなければならないのは、**離婚のしかたを誤ってしまうと、その再出発が難しくなる**ことです。

たとえば、離婚にあたって慰謝料や財産分与などを求める権利がありますが、これをうまく使えないまま離婚してしまう人がいます。

こういった権利をまったく行使しない人もいますし、不十分にしか権利行使できない人もいます。

反対に、相手に言われるがままに非常に高額な慰謝料や養育費の支払いを約束してしまう人もいます。これが重い足かせとなって、次の人生が思いどおりにいかなくなる危険が

あります。

やはり離婚にも「作法」があり、離婚して幸せになるためには、「離活」が必要なのです。

そこで、**間違いのない「離活」を進めるために、早い段階で離婚事件に詳しい弁護士に相談されることをおすすめします。**

たとえば、慰謝料請求や財産分与は、前もって、どのようなことを調べ、どのような証拠を集めていくかといったことがその準備として大変重要です。

また、相手の不貞行為の証拠を確保することも、弁護士と相談しながら進めるのが最も確実で安心できます。

後ほどご説明しますが、離婚には協議離婚の他に調停離婚、和解離婚、判決離婚といった様々なかたちがありますが、ご自分のケースに即して、どのようなかたちで離婚するか、そのためには、どの段階でどのような主張をすべきかといったことも変わってきます。

「弁護士に相談しましょう」と弁護士である私たちが呼びかけると何か宣伝でもしているかのように思われるかもしれませんが、私たちは数多くの離婚相談を受けていて、インターネット上の情報や友人知人の話に翻弄されて、誤った手を打ったり、間違った判断をしてしまった人をみかけることが少なくありません。「もっと早く相談に来てもらっていたら」と残念に思うケースが後を絶ちません。

離婚を考え始めたら、なるべく早めに「離活」にとりかかるべきなのですが、その最初の段階から、弁護士の的確なアドバイスを受けつつ確実に「離活」を進めていくのが理想的です。

「早期発見、早期治療」という言葉がありますが、「離活」についても、その問題点や注意点（ケースバイケースで異なります）を早い段階から把握しておきたいところです。

ポイント

●離婚して幸せになるためには、離婚のしかたを誤ってはならない。そのためには、「離活」が必要である。

●「離活」は早くから始めるに越したことはなく、また、自分に合った「離活」を進めていくには弁護士の的確なアドバイスをもとにすべきである。

インターネット情報とのつきあい方

インターネットの普及にともなって、離婚に関するサイトも多くなりました。

年配の方と違って、30代にとってインターネットはとても身近な存在です。インターネットによって無限とも思えるほど膨大な量の情報に接することができます。離婚についての制度や手続きの概要を手っ取り早くつかむ上では極めて有効な手段といえます。

そのため、最近は、インターネットで「情報武装」を固めて相談にお見えになる人も多くなってきました。

しかし、**インターネット上の情報には様々なバイアスがかかっていることを忘れてはなりません。**誰が、どのような目的で、どのような人に向けて、その情報を発信しているかは必ずしも明らかではありません。いま見ているサイトがあなたの事案に即した情報を正確に提供しているという保証はどこにもないのです。

そのため、不正確な情報や自分の事案には当てはまらない情報に振り回されている人も少なくありません。そのような落とし穴に落ち込んでしまって痛い思いをするおそれがあります。

もちろん弁護士などの専門家が正確な情報を提供しているサイトも多数あります。

しかし、離婚のかたちは離婚の数だけあるというのが真実です。一つとして同じ事案はなく、似たような事案であっても大切なポイントは微妙に異なります。

そのため、個々の事案に過不足なく当てはまる情報を提供することは不可能です。そのような意味でも、ネット情報には限界があります。

インターネットは実に有用な情報収集手段ですが、身体に不調を来したときにインターネットで調べても最後は医師の診察を受けるのと同じで、離婚についても専門家に相談するのが賢明です。自らのケースに則した具体的なアドバイスを受けることに勝る方法はありません。

ポイント

●インターネット上の情報は制度や手続きの概要をつかむ上では参考になるが、盲信することは禁物である。

30代離婚の実際

ここでは、30代離婚でありがちなケースをいくつか紹介させていただきます。それぞれのケースは、私たちが実際に遭遇した事案のパーツを寄せ集めたうえに大幅な脚色を加えていますので、原型をとどめないものになっています。

CASEⅠ

A子さんは36歳。

建築士として大手企業に勤務するB太さんとは25歳のときに結婚しましたが、B太さんには浮気癖があり、長男のC太郎くんが誕生した後も浮気を繰り返しました。業を煮やしたA子さんはB太さんとじっくり話し合い、今後は決して浮気をしないという約束をB太さんから取り付けました。

この約束が効いたのかB太さんの浮気癖はしばらくは治まっていました。念願の戸建て住宅も購入し、C太郎くんもスクスクと育っていきました。

しかし、C太郎くんが小学6年生のとき、B太さんが再び浮気をしていることが明らかとなりました。

堪忍袋の緒が切れたA子さんはB太さんに離婚することと慰謝料の支払いを要求しましたが、B太さんの答えは、浮気などしていないし離婚に応じる理由がないというものでした。

A子さんは、B太さんが特定の女性と仲良くデートしていることを裏づける最近の携帯メールを写真に撮っておいたのですが、B太さんは仕事がらみの交際にすぎないと言って肉体関係を持ったことを認めようとしませんでした。A子さんはB太さんが不貞をしていることを確信していましたが、決定的な証拠を持ち合わせていなかったのです。かつて浮気が発覚したときはB太さんも他の女性と肉体関係を持ったことを認めたのですが、いまではそのことさえ認めようとしません。B太さんの過去の不貞行為の証拠も押さえていませんでした。

不安に思ったA子さんは弁護士にも相談しましたが、不貞行為の証拠に乏しいため、B

太さんが不貞の事実を認めない現状では、慰謝料を請求することはもちろん離婚することも難しいとのアドバイスを受けました。

B太さんと相手の女性からそれ相応の慰謝料の支払いを受けて、速やかに離婚しようと考えていたA子さんにとっては大きな誤算でした。

初めて離婚を切り出されたB太さんは「ガード」を固めるようになり、それ以降、不貞を疑わせるような証拠を残すことがなくなりました。

不貞を追及することをあきらめたA子さんは、次の行動に打って出ました。それは、長年勤めていたパートを辞めて正社員として働くことでした。懸命な就職活動が実を結び、約半年ほどで正社員として採用されることになりました。

もはや愛情がなくなっていたので、その後のB太さんとの生活は形ばかりのものになりましたが、A子さんの収入が増え、死亡保険の見直しをしたこともあって、貯蓄も順調に増えていきました。A子さんが家計を切り詰めていたことも功を奏しました。

正社員となって2年半が経ったある日、A子さんはあらためて離婚を切り出しました。

今回は慰謝料を求めるようなことはせず、財産分与として預金を折半することと自宅不動産はB太さんがそのまま住み続けることを離婚条件として示しました。

B太さんが想像していたよりも貯蓄額は多く、また、愛着を持っていた家を自分が確保できる点もB太さんには魅力でした。A子さんとの形だけの婚姻生活を続けることにいたたまれない思いを抱き始めていたB太さんは、A子さんとの離婚に応じることにしました。

離婚したA子さんは親権を取得したC太郎くんとともに賃借住宅に移り住みました。B太さんからは養育費を支払ってもらう約束も取りつけています。円満に話し合うことができたので、養育費についても満足のできる取り決めができました。

A子さんには財産分与として受け取った預金もありますし、正社員として安定収入もあるため、大きな不安もなく新しい人生のスタートを切ることができました。

コメント

A子さんは離婚を切り出すまでにB太さんの不貞行為の確たる証拠をつかんで

いれば、この時点で慰謝料の支払いを受けるなど有利な条件で離婚できた可能性がありました。不十分な証拠しか確保できていないなかで離婚を突きつけたのは失敗でした。

ただ、その後、頭を切りかえたA子さんは正社員として仕事に就き、また貯蓄に励みました。その結果、B太さんも応じることができる離婚条件を提示することができ、無事離婚することができました。

少し時間はかかりましたが、その間に新しい人生の足がかりもできました。また、円満に離婚できたことには大きな意義があります。

CASE Ⅱ

D之さんは27歳のときに5歳年上のE美さんと結婚しました。

しかし、結婚してすぐに2人の価値観があまりにもかけ離れていることに気づきました。事あるごとに口論となりました。また、嫉妬深いE美さんは何かにつけてD之さんが浮気をしていると邪推してD之さんを困らせていました。

結婚2年目には長女のF恵ちゃんを授かりました。しかし、D之さんとE美さんの関係は改善せずに2人の間の溝は徐々に、しかし確実に深まっていきました。

そのため、口論の果てに「離婚」という言葉が互いに出るようになったのですが、感情的になったD之さんが正面切って離婚を突きつけると、E美さんは「２０００万円の慰謝料を支払ってくれるのなら離婚してあげる」などと法外な条件を出してくるため、実際に離婚に至りそうな機運はまったくありませんでした。

また、D之さんはまだ幼い長女のF恵ちゃんのことが愛おしく、離婚してF恵ちゃんと離ればなれになる決心がつかず、離婚に向けた具体的な行動に出るには至りませんでした。

その後も口論が絶えない2人は互いを避けるようになり、D之さんは夜遅く仕事から帰ってきては翌朝早く出かけるようになりました。セックスレスも長期化していきました。

そのようななか、結婚して6年目のある日、このまま同居していては埒が明かないと考えたD之さんは離婚に向けた足固めをすべく、反対するE美さんを押し切って別居しました。

D之さんは勤務先の近くでマンスリーマンションを借りて生活するようになりました。

しかし、E美さんの監視の眼を意識しなくてすむようになったD之さんは同僚のG菜さんと急速に親しい間柄になり、別居後1か月ほどで男女の関係になってしまいました。G菜さんは、時々、D之さんのマンションで寝泊まりするようになりました。

別居から3か月ほどたったある日のこと、D之さんのもとにE美さんの代理人を名乗るH中弁護士から内容証明郵便の文書が届きました。その文書には「素行調査の結果、貴殿とG菜氏が不貞関係にあることが判明した。E美氏は貴殿との円満だった婚姻関係が破たんの危機に瀕している。貴殿は有責配偶者であって、貴殿との離婚に応じる意思は基本的にない。ただ、慰謝料として１５００万円を支払うのであれば離婚に応じてもよいと考えている」などと記されていました。

困り果てたD之さんは、友人に紹介されたI田弁護士に相談しました。

D之さんはE美さんとの婚姻関係が完全に破たんした後にG菜さんと関係を持ったと説明しましたが、I田弁護士は、別居後まもない時点で男女関係があることを押さえられているのは極めて不利な事情であること、別居前に婚姻関係が完全に破たんしていたことを立証することは至難の業であることをそれぞれD之さんに説明しました。

ただ、I田弁護士が時間をかけてD之さんから話を聞いているうちに、D之さんのことを激しく罵倒する内容のE美さんからの携帯メールがあることがわかりました。また、E美さんがD之さんと離婚して新しい恋がしたいといった内容のメールも残っていることが明らかになりました。後者のメールはD之さんの女性関係を邪推したE美さんが嫌み半分で「私は離婚して新しい男性をみつける」という意味で送ってきたメールなのですが、このメールだけをみるとE美さんも離婚する意思があったとしか受け取れないものでした。

これらのメールは買い換え前の古い携帯電話に保存されていたもので、I田弁護士から尋ねられるまでD之さんはその存在すら忘れていたのですが、I田弁護士はこのメールが交渉材料になるかもしれないと考えました。

そこで、D之さんはI田弁護士に委任して代理人になってもらい、E美さんの代理人であるH中弁護士との交渉を依頼しました。

I田弁護士は、例のE美さんからの携帯メールを示し、別居前から婚姻関係は既に破たんしていたのであって、G菜さんとの関係は不貞行為に該当しないと主張しました。

裁判になった場合にこの主張が認められる可能性がないとはいえないことから、H中弁護士とE美さんも態度を軟化させざるをえませんでした。

結局、Ｅ美さんは、慰謝料として２００万円の支払いを受けること、Ｇ菜さんに対し慰謝料を別途請求しないことを条件とする協議離婚に応じることにしました。

Ｄ之さんはＦ恵ちゃんのことは気にかけていたので、相当額の養育費を支払うことを約束しました。

こういったことを取り決め、他には互いに一切請求しないことを定めた離婚協議書を取り交わし、離婚届を提出して無事協議離婚することができました。

コメント

Ｅ美さんは、弁護士をつけた後も、当初は、１５００万円を支払わないと離婚に応じないと強気な姿勢を示していました。Ｄ之さんが有責配偶者であるという確たる証拠をつかんだと考えたからです。

しかし、このケースでは、別居前から婚姻関係が破たんしていたと認められる可能性がある証拠が存在しました。本件のように、既に使わなくなった古い携帯電話が「黄金の価値」を持つこともあります（もっとも、反対に、不貞行為の証

拠になるものが残されていて、これを相手方が手に入れるケースもありますが……）。

そういう意味ではこのケースのD之さんはラッキーだったのですが、D之さんのそもそもの間違いは、別居後ほどなくしてG菜さんと関係を持ち、簡単にその尻尾を捕まれるような軽率な行動をした点にあります。

高い代償を払わされるケースもありますので、別居しても気を抜かず、しばらくの間は異性とは軽率に深い関係を持たない方が無難です。

CASE Ⅲ

同い年のJ彦さんとK代さんは35歳のときに結婚しました。

交際していたときはJ彦さんは物静かで穏やかな人柄にみえたのですが、結婚した途端に豹変し、K代さんがJ彦さんの意に沿わないことを言ったりすると、J彦さんはK代さんに暴言を吐くようになりました。

まもなくJ彦さんはK代さんに向かって物を投げつけるようになり、K代さんに手を上げるようにもなりました。

J彦さんのドメスティック・バイオレンスはさらにエスカレートし、殴る蹴るの暴力にまで発展しました。

これに耐えかねたK代さんは、結婚して2年ほど経ったある日、ついに実家に戻り、離婚すべく調停を申し立てました。

しかし、調停では、J彦さんは「激しい口げんかをすることはあったが、妻には手を上げたことはない」などと言って、暴力を振るった事実を完全に否定しました。そのうえで、「妻を愛している」「家に戻ってきてほしい」と言って離婚には頑として応じようとはしませんでした。

3回目の調停期日を迎えても話は平行線のままで、調停離婚が成立する見通しがまったく立たないことから、あえなく調停は不成立となってしまいました。

離婚訴訟を提起すべく代理人になってもらおうと考えたK代さんは、弁護士会の法律相談を受けましたが、そこで厳しい現実に直面することになりました。

配偶者による度重なる暴力は「その他婚姻を継続しがたい事由」に該当するので離婚を求めることができるのですが（慰謝料も請求できます）、J彦さんが否認している以上、暴力があった事実をＫ代さんが立証しなければなりません。

この点、Ｋ代さんはＪ彦さんから暴力を受けても、警察に通報したり病院に行ったりすることは一度もありませんでした。警察や配偶者暴力相談支援センターに相談することもなく、ケガをした箇所を写真に撮影しておくこともしませんでした。

Ｋ代さんは、ＤＶ被害を受けていることを自分の母や友人に話していましたので、証言をしてもらえば暴力の事実を証明できると考えていたのですが、弁護士からは、そもそも親族や友人の証言は証明力が弱いうえに、この人々は実際に暴力を受けているところを目撃したのではなくＫ代さんから伝え聞いただけなので、その点からも証明力に乏しいとの説明を受けました。

実はＫ代さんの父親も母親に暴力を振るっていました。そのことが原因となってＫ代さんが高校生のときに両親は離婚しました。このときは母親の親族が仲介に入ったこともあり、すんなりと協議離婚が成立しました。そのため、Ｋ代さんはＪ彦さんとも簡単に離婚できると思い込んでいました。Ｊ彦さんが暴力を振るっていたことを否認するとは夢にも思いませんでした。

結局、Ｋ代さんは直ちに離婚訴訟を提起することは控えることにしました。別居生活をこのまま続けて、Ｊ彦さんの熱が冷めたころを見計らって改めて調停を申し立てることを考えています。

コメント

本当に気の毒なケースですが、婚姻関係が破たんした原因がもっぱら（または主として）相手方にあるのに、このことを証明する術がないために離婚ができない、あるいは有利な条件で離婚できないといった実例は数え切れないほどあります。

離婚が現実化すると、相手方は自分に不利な事実を認めないことも少なくありません。このケースでは、そういった危機感がＫ代さんには乏しく、そのため、Ｊ彦さんの日常的なドメスティック・バイオレンスの痕跡を何も残しておくことをしなかったことが悔やまれます。

こういったケースでは、Ｋ代さんが新たに証拠をつくるという目的でＪ彦さんのもとに一旦戻ることがありますが、あまりおすすめできません。また暴力を受

けることによってさらに心身にダメージを受けることが心配されます。潜ませていたＩＣレコーダーがみつかってひどい暴力を受けるといった最悪の展開も懸念されます。

CASE Ⅳ

2人が結婚したのは、Ｌ平さんが28歳、Ｍ穂さんが22歳のときでした。Ｌ平さんはメガバンクの行員で、Ｍ穂さんが大学生のときから交際が始まり、Ｍ穂さんが大学を卒業してすぐに結婚しました。

Ｍ穂さんはそのまま専業主婦となって、Ｌ平さんを支えることになり、結婚2年目には長男Ｎ行くんを、4年目にはＯ花ちゃんをそれぞれ授かりました。何不自由なく育ったＮ行くんとＯ花ちゃんは、Ｌ平さんの母校の私立小学校に進学しました。

しかし、Ｏ花ちゃんが小学2年生になったとき、Ｍ穂さんは突然Ｌ平さんから離婚したいとの申し出を受けました。子どもの教育などをめぐって口論をすることもありましたが、それがいつまでも尾を引くようなことはなく、円満な夫婦生活を送ってきたはずでした。離婚したい理由を尋ねてもL平さんは「自分は結婚に向いていない」などと答えるだけで、M穂さんはどうにも釈然としませんでした。

そして、離婚を切り出した翌月にはL平さんは戸惑うM穂さんを置いて家を出てしまいました。勤務先の近くにマンションを借りて暮らし始めます。L平さんからは生活費が送られてきましたが、M穂さんらがこれまでのような余裕のある生活はできない金額でした。預貯金はL平さん名義になっていて、これもL平さんによって持ち出されていました。

別居してからもL平さんは離婚を求め続けました。離婚しても子どもたちの養育費は払う、私立学校の学費も負担するといった条件の提示もありましたが、M穂さんは、条件がどのようなものであれ離婚自体を受け入れることができませんでした。

別居して1年ほど経ったころ、M穂さんのもとに弁護士からL平さんの代理人に就任した旨の通知が届き、ほどなくして家庭裁判所から離婚調停の呼出状が送られてきました。

どのように対応すればよいのかわからないM穂さんは弁護士に相談することにしました。

離婚したい理由についてのＬ平さんの説明がどうにもピンと来ないことをＭ穂さんが説明すると、相談したＰ本弁護士からＬ平さんに女性ができたのではないかと尋ねられました。その可能性はＭ穂さんも疑っていました。別居する少し前から、突然、Ｌ平さんが携帯電話にロック機能をかけるようになったからです。Ｌ平さんは「同僚のアドレスなどの個人情報がたくさん入っているから、落としてしまった場合に備えてロックすることにした」と説明していました。Ｍ穂さんはもしかしてと疑念を抱きましたが、携帯電話がロックされているため、メールなどを確認することもできずにいました。

Ｐ本弁護士からは、別居してまだ1年なのですぐに離婚を余儀なくされることはないが、このまま2年、３年と別居状態が続いたうえで、あらためて調停を申し立てられ離婚訴訟を提起されると離婚に向けて話が進むことは避けられないとの説明を受けました。

打開策がほしいＭ穂さんは興信所に浮気調査をしてもらうことにしました。するとやはりＬ平さんには女性がいることが判明しました。Ｌ平さんのマンションにＱ奈さんという女性が出入りしている調査結果が出たのです。Ｑ奈さんはふつうのＯＬでＬ平さんとの接点は不明でした。

離婚調停が始まりました。Ｍ穂さんは、代理人についてもらったＰ本弁護士と家庭裁判所に行き、離婚には応じないと述べたうえで、Ｌ平さんが離婚を求める原因は女性関係であり、現に女性と交際していると調停委員に説明しました。この段階ではまだ調査報告書の存在を明かしませんでした。Ｌ平さんは女性が原因ではなく、現在も交際している女性はいないと答えました。

約１か月後の第２回調停期日も同じようなやりとりが繰り返されました。Ｍ穂さんは改めてＬ平さんには女性がいると主張したところ、Ｌ平さんがこれをきっぱりと否定しました。そこで、Ｍ穂さんは調停委員に調査報告書を見せて女性がいることを示しました。

ここで形勢が一気に逆転し、主導権がＬ平さんからＭ穂さんに変わりました。

今度はＭ穂さんはＬ平さんに離婚条件を突きつけたのです。Ｍ穂さんと子どもたちが住んでいる賃借マンションの家賃を子どもたちが大きくなるまで負担する、一般的に相当とされているよりもかなり高額の養育費を支払う、財産分与ないし慰謝料の名目で、Ｌ平さん名義の預貯金をすべてＭ穂さんに譲るなどＬ平さんにとっては大変厳しい条件でしたが、Ｍ穂さんから「この条件でイエスであれば離婚に応じるが、ノーであれば離婚には応じない。この離婚調停は不成立にしてもらい、改めて婚姻費用の調停を申し立てる」と突きつけられました。

結局、次の第3回調停期日に、ほぼこの条件のままで調停離婚が成立しました。

M穂さんは当初は離婚したくないと考えていたのですが、調査報告書をみて考えがすっかり変わりました。L平さんとやり直す意思はなくなり、十分な「補償」「保証」が得られるのであればL平さんと別れて、子どもたちと新しい人生を歩みたいと考えるようになっていたのです。

コメント

M穂さんは別居から1年以上経過した後になって、素行調査を行いました。いきなり調査結果をL平さんに突きつけていたら、L平さんは「Q奈さんとの交際は始まったばかりです。妻との別居、離婚とは関係ありません」と反論してきた可能性もあります。この反論にはそれなりに説得力があります。

調査料は決して安くはないのでためらいがちですが、するのであれば素行調査

は少しでも早く行う必要があります。調査時点での異性関係を証明することができても、その前から関係があることは本来証明できないためです。

以上四つのケースをご覧いただきましたが、局面局面でこのケースと異なる行動を2人がしていたら、まったく違った展開になっていた可能性があります。

ここでは離婚の問題には不確定な要素がたくさんあり、展開が流動的になりがちであることをご理解いただきたいと思います。

第2章

離活のすすめ

離婚はその準備段階で成否が決まることもある——離活《りかつ》のすすめ

「離婚してほしい」と相手に切り出したときから、また、離婚に向けて別居を始めたときから、離婚のための準備を始める人が少なくありません。しかし、この時点から始動するようでは有効な手を打つ機会をのがすこともあります。

また、この時点以降も明確な戦略や指針を持つことなく、まるで暗闇のなかで手探りをするようにして離婚の準備を進めていく人も多いです。

当然ですが離婚には相手方がいます。相手方との情報戦という側面が離婚にはあります。**情報の質と量が離婚でも勝敗を決めることがあります。**

就職するときは、いろいろと情報を集めて就職のために活動するのが一般的になっています。いわゆる「就活」です。そのためのマニュアル本も多数用意されているほどです。

志望する就職先から内定を得るために、「就活」に励んで就職戦線を突破しようと努力します。

また、理想の異性と結婚するために、結婚相談所に登録したりお見合いパーティーに熱心に参加するなど様々な活動に励む人もいます。いわゆる「婚活」です。

これら就職のための「就活」や結婚のための「婚活」と同じように、離婚という人生の大切な局面でも、**離婚に向けての明確な戦略と周到な準備が離婚して幸せになることができるかどうかの鍵を握ります。つまり「離活」のすすめです。**

ポイント

●離婚して幸せになるための鍵は「離活」である。

離活の実際～何をしておくべきか？

離婚に向けた準備活動でポイントとなるのが、**別居するまでの「離活」**です。

同居中であるからこそ収集できる情報や証拠は少なくありません。別居してしまうとその収集がたちまち困難となり、その後の離婚の協議や裁判で不利な「戦い」を強いられることがあります。

それでは、別居前にすべき「離活」をみていきましょう。

①財産関係

財産分与を行う前提として、夫婦の財産の全容を把握しておく必要があります。

財産分与はすべての財産を互いに開示して行うのが原則ですが、相手方が正直にすべてを示すという保証はありません。

月払いや年払いの保険料の支払いが記録された預貯金通帳から保険の存在が判明する場合もありますが、なかには保険料を一括前払いで支払う保険もあります。その場合は、相手方名義の通帳をすべて押さえても、その保険の痕跡は残されていません。

株式や投資信託などの有価証券についても、その存在をうかがわせる資料を保全します。上場銘柄の株券を現に保管していることは通常ありませんので、特定の企業の株主総会の通知などの郵便物がその証跡となります。証券会社からの郵便物も参考になります。また、最近は自宅のパソコンに痕跡が残されていることも多くなってきました。インターネットの履歴などから様々な情報が得られることもあります。

相手方の**給与明細書や源泉徴収票**も保全対象になります。

給与は銀行振込みなので通帳をみればわかると思われるかもしれませんが、会社によってはＡ口座とＢ口座に支給額を振り分けてくれるところもあります。また手当や報奨金は手渡しで支給される企業もあります。それに、給与明細書には各種控除項目も明らかにされていますので、給与天引きとなっている保険や財形貯蓄、社内積立、持株会などの存在が判明することもあります。

さらに、**住宅ローンがある場合は、その内容**も確認しておきます。

まずローン契約書や保証委託契約書を調べます。夫（妻）が債務者であることは明らかであるというケースは多いのですが、その場合でも、妻（夫）が連帯債務者や連帯保証人になっていないか、また、お互いの親族らが連帯保証人となっていないかをチェックする必要があります。後ほど財産分与のパートで詳しく説明しますが、自分が連帯債務者や連帯保証人になっていないかどうかはとても重要です。

現在のローン残高も大切な情報です。ローン契約時やその後定期的に送付されてくるローンの返済予定表をみれば明らかになります。

また、法務局で取得できる登記事項証明書（登記簿謄本）で、たとえば、住宅ローン以外の抵当権が付いていないかどうかといった事実が確認できます。さらに、不動産業者に査定を依頼すれば自宅不動産の実勢価格がつかめます。大手の業者であれば、無料で簡易査定してくれます。この登記事項証明書の取得や時価査定は別居後も可能ですが、早目にしておきたい準備作業の一つです。

②浮気関係

浮気は離婚事由の一つである「不貞行為」に該当します。

以前は、相手方の浮気が疑われる場合でも、その尻尾をつかむことが難しかったのですが、最近はそうでもなくなってきました。

それは携帯電話と電子メールの普及のためです。私たちのもとに相談に来られる方でも**浮気の大半は携帯電話のメールから発覚しています。**さすがに携帯電話を持って入浴できないので、相手方が入浴中にメールをチェックして証拠をつかむことが多いようです。

携帯電話にロックをかけてあっても、暗証番号を見抜かれてロックを解除されるケースも少なくありません（ロックを解除する「方法」もあるようです）。また、機種変更をして買い換えたときに古い携帯電話が無防備になっていることもあります。

ちなみに、それまで無造作にそこらじゅうに置いていたのに、自宅内で肌身離さず携帯電話を持ち歩くようになることが、相手方に浮気を疑わせるきっかけになることが多いようです。

浮気の証拠となる携帯電話のメールを発見した場合、すぐにでも相手方に突きつけたいという衝動に駆られることもあるでしょうが、ここはこらえて、**まずは後々の証拠とするために保全します。**

一番良いのは、送受信された文字が映った携帯電話画面を写真に撮っておく方法です。長文のメールは画面をスクロールして撮影していきます。自分の携帯電話やパソコンにメール転送する方が手っ取り早いこともありますが、偽造したなどと反論されることも少なくありません。この点、相手が使っていた携帯電話が映った写真ですと、そのような言い逃れはしづらいものです（そのためにも、画面だけでなく携帯電話も一部映っているようなカットが理想的です）。

浮気相手の名前やメールアドレスなどが表示された電話帳（アドレス帳）のページも撮っておきます（浮気相手の名前を真正直に登録していることは少なく、異性の名前に変えていたり、名字だけで「さん」付けになっていることがよくあります）。

浮気して舞い上がっているときはどこかに隙が生まれるものです。送受信したメールはそつなく消去していながらも、浮気相手と一緒に撮った写真が保存されていることもあります。メールだけでなく、写真フォルダもチェックするとよいでしょう。

なお、携帯電話会社によっては、削除したメールも一定期間センターに保存されていますので、メールを復元する方法を試みることも考えられます。

また、パソコンのメールから判明することもあります。メールソフトのなかの削除メールに残ったままになっているケースもあります。浮気をする人は連絡用にフリーメールを使う人がいますが、その痕跡が履歴などのかたちで残っていることがあります。

これら携帯電話や電子メール以外では、**手紙や手帳、レシートやクレジットカードの利用明細書なども証拠の一つとなります。**

手帳に浮気相手とのデートの予定や待ち合わせの場所などが書かれていることがあります。また、浮気相手と利用したラブホテルやレストランの領収書、貴金属店などでの高額なショッピングが記録されたクレジットカードの利用明細書も証拠になります。

こういった資料はそれ自体では決定的な証拠にはなりにくいのですが、他の証拠と相まって証拠としての価値が出てきます。

決定的な証拠をつかめないときは、**調査業者に素行調査を依頼することが最後の手段**になります。

調査業者は調査対象者を追尾して決定的な場面を押さえます。最近は動画で撮影するところも多くなってきました。

後々証拠として用いる可能性があることを考えると、調査結果を調査報告書という書面で出してくれることが必須条件となります。その報告書には調査業者の名前も明記されていることが望ましいです。

ただ、数日にわたる素行調査となると結構な調査費用が必要となりますので、調査業者の選択は慎重に行いたいところです。

調査業者も玉石混淆で、なかにはいかがわしい業者がいることも事実です。インターネットで立派なサイトを運用しているからといって信用できるとは限りません。

身近に調査業者に依頼して間違いがなかったという人がいたらありがたいのですが、そうでもなければ、離婚のことを相談する弁護士に紹介してもらうのが確実な方法であるといえます。

離婚を数多く手がけている弁護士であれば懇意にしている調査業者がいることが多いも

のです。懇意にしている弁護士からの紹介であれば、調査業者も適当な調査はできませんし、調査料の面でも融通が利くこともあるかもしれません。

なお、調査業者に依頼する資金がないことなどから、自分たちで素行調査を試みる人もいますが、やはりプロの調査業者のような証拠に仕上げることは容易ではありません。また、相手にみつかってしまいガードを固められてしまうおそれもありますので、注意が必要です。

さらに、相手方が浮気の事実を認めている様子を**ＩＣレコーダーなどで録音**しておくことも考えられます。

以上、浮気関係の情報収集についてご説明しましたが、収集したものが法的に不貞行為の証拠として十分かどうかの見極めが難しいこともあります。

ですので、離婚事件に詳しい弁護士に相談することをおすすめします。その際は実際に証拠を示して弁護士の意見を聞きましょう。

③DV（ドメスティック・バイオレンス）関係

相手方による暴力が「婚姻を継続しがたい重大な事由」に該当するとみられれば離婚原因となります。詳細については後で触れますが、夫婦間の暴力については、「配偶者からの暴力の防止及び被害者の保護に関する法律」という法律があります。「DV防止法」と略称されることもあります。

しかし、夫婦間の暴力の大半は自宅などの密室内で振るわれるため、その証拠を確保することが難しく離婚原因として主張することが困難なケースがよくあります。

ですので、**意識的に証拠を残していく必要があります。**

相手方から暴力を受けてケガをしても、大したケガではない、恥ずかしいなどの理由で医師の診察を受けない方がいますが、離婚することを考えると勇気を出して受診して診断書をもらっておきたいところです。

また、暴力を受けてケガをした部位を写真に撮っておくようにします。

さらに、暴力の程度によってはその場で警察を呼ぶことも考えるべきです。警察官によって逮捕された事実は決定的な証拠になりますし、警察が現場に来たこと自体も一定の証拠となりえます。

暴力を受けた後でも、最寄りの警察や配偶者暴力相談支援センターに相談することもできます。こうした相談の実績が意味を持つこともあります。

人格を否定するような**暴言も、ＤＶ防止法が定める暴力に準じる心身に有害な影響を及ぼす言動にあたることがあります。**

しかし、離婚問題が顕在化すると、相手方が暴言を吐いた事実を素直に認めることはむしろ稀です。そのため、証拠がないと、言った言わないの水掛け論に終わってしまいます。

この場合の証拠として録音・録画に優るものはありません。

小型のＩＣレコーダーがありますので携帯することも考えられますし、また、何十時間も録音・録画できる機器も多いので、高性能のマイクをセットしてリビングのどこかに設置しておくという方法もあります。

この録音や録画は身体に対する暴力の証拠としても有用ですが、隠し撮りをしていることが発覚すると、さらなる暴力を受けるおそれがありますので、細心の注意が必要です。

④離婚後の生活準備

証拠や情報収集を手抜かりなく進める一方で、離婚後の生活のための「離活」も欠かせません。

これまで相手の収入によって生活をしていた人は、離婚後は自ら生計を立てていかなければなりません。慰謝料や財産分与だけで離婚後の生活を成り立たせることはできませんし、子どものために養育費を受け取ることができても、それだけでは家計は維持できません。養育費の支払いに頼りきるのは危険です。

ある程度の給与収入が見込まれる定職に就いていない人は「就活」も必要となります。自活が困難で親の援助なども期待できない場合は、生活保護等の公的支援が受けられるかどうかを事前に福祉事務所などを訪ねて相談しておきたいところです。

また、住居の確保、子どもの保育園や幼稚園、学校に関する情報収集なども早めに始動しましょう。

ポイント

●離婚を有利に進めるための「離活」と離婚後の生活設計のための「離活」がある。
●「離活」は実践あるのみ。
●離婚事件の経験豊富な弁護士に相談しながら進めることによって万全な「離活」を期す。

相手方への離婚の切り出し方

こちらは離婚する決意を固めているのに、相手方には離婚の考えがないというケースはめずらしくありません。

その場合は、こちらから相手方に離婚を申し出る必要があります。

ただ、まだ十分に「離活」が進んでいないうちに離婚を切り出すと、その後はお互いに「臨戦態勢」に入ることもありますし、相手方はいろいろと警戒を強めることも多いものです。そのため「離活」に支障が出ることがありますので、離婚を切り出すタイミングには注意を要します。

重要な意思表示なので**相手方に離婚を申し出る方法としては口頭で伝えるべきであると**

一般論としてはいえますが、手紙やメールも考えられます。

口頭で伝えるときは自宅ではなくカフェやレストランなど公共の場で伝えることも考えられます。共通の友人や親族に立ち会ってもらうこともあります。

また、面と向かっては言いづらいときは、手紙やメールに頼らざるをえないかもしれません。メールには（手紙のコピーもそうですが）、「いつ、どのようにして離婚を申し出たか」ということが形として残るというメリットもあります。

なお、ＤＶ（ドメスティック・バイオレンス）被害を受けている場合は、さらなるＤＶ被害を受ける危険がありますので、２人きりで面と向かって離婚意思を伝えることは避けるべきです。

家を出て避難する際に置き手紙を残す、別居して身の安全を確保した上で第三者に伝えてもらうなどの方法をとることが無難です。

次に、離婚を切り出すときに**離婚したい理由をどこまで示すか**という問題もあります。

特に相手方に離婚意思がないときは、こちらが離婚したい理由をある程度詳しく伝えないと相手方は納得しないことでしょう。

この段階で「離活」で取得した情報や証拠をどこまで示すかは慎重に考えなければならない問題ですが、この後どのような展開が待ち受けているかわからない以上、手持ちの「カード」はなるべく相手方に見せない方がベターです。

たとえば不貞行為の決定的な証拠がある場合であっても、離婚を切り出す段階でこれをどう使うかは考えどころです。

なお、離婚を切り出して相手方も離婚に応じる意思を示したからといって安心するのはまだ早いです。

最終的には離婚の条件が整わない限り離婚届に署名押印してもらえないことも多いでしょうし、仮に離婚届に署名押印をしても、法的には離婚届を提出する時点で離婚意思がなければ離婚は成立しません。

つまり、**離婚が成立するまで油断は禁物**です。

実際に次のようなケースがありました。

どちらか一方に責任があるわけではないものの夫婦の間に深い溝が生まれ、家庭内別居状態に近い関係がここ数年続いていました。そこで、ついに夫が妻に離婚を切り出したところ、妻も同じような思いを持っていたのか、二つ返事で離婚に応じると言ってくれました。ですから、何の問題もなく離婚が成立するかにみえました。

しかし、そのさなか、夫は妻に「いま交際している女性がいる。その人と新しい人生を送りたいと考えている」と話してしまったのです。夫いわく「あまりにも妻がスムーズに受け容れてくれたので、いまの心境を正直に伝えたいと思った」とのことでした。

その女性とは最近つきあい始めたばかりで、夫は妻と離婚することはその前から考えていたのですが、妻はその女性との不貞が原因であると受けとめ、態度が急変し、離婚の話は完全に膠着状態に陥ってしまいました。

このケースでは実際には婚姻関係が破たんした後の男女関係であって、そうであれば不貞行為には該当しないのですが、夫婦が別居していたわけではなく、婚姻関係が破たんしていたことの立証は不可能に近いです。そのため、不貞行為でないとの反論が困難な夫は「有責配偶者」ということになり、妻が応じない限り離婚が難しいという厳しい立場に立たされます。

この離婚の切り出し方は「離活」と並んで、その後を占う重要な出発点となります。

ただ、離婚のことを相手方にどのように持ちかけるかはケースバイケースですので、この点についても弁護士と相談して決める方が無難です。

ポイント

- ●「離活」が十分に進むまで相手方に離婚を切り出さない。
- ●「離活」で収集した事実や証拠を示すときは慎重に。
- ●相手方も離婚に応じ離婚の話がスムーズに進みそうであっても油断は禁物。

第3章

離婚の手続き・決めごと

離婚のかたち——協議離婚、調停や裁判での離婚

夫婦が離婚する場合のかたちとしては、協議離婚、調停離婚、裁判での離婚があります。それぞれについて簡単にみていきましょう。

協議離婚

「夫婦は、その協議で、離婚をすることができる」と民法にも定められています。これが協議離婚で、夫婦が合意さえすれば離婚届を提出して離婚できます。協議離婚ができるのは当然のように思われるかもしれませんが、外国にはこのように簡単に離婚できないところもあります。

　具体的には、役所に備え置かれている**離婚届**（72、73ページ）に必要事項を記載し、離婚する２人のほか、成年の証人２名がそれぞれ署名押印して届け出て、これが受理される

ことによって成立します。本籍地以外の役所で離婚届を出すときは、戸籍謄本を添付することが必要になります。

この協議離婚が離婚のなかで大多数を占めます。

あまりにも簡単に離婚届が提出できることから、相手方が離婚に応じてくれないときは2人分の署名押印をして離婚届を出してしまいたいという衝動にかられることがあるかもしれませんが、これは絶対にしてはいけません。もちろん離婚としては無効ですし、離婚事件としても不利な立場に追いやられます。また、刑法上の偽造罪などにも該当します。

相手方がこのような行動に出るおそれがあるときは、**離婚届の不受理申出**という制度を利用することになります。この申し出をした後は取下書を提出するまで離婚届は受理されません（もっとも、調停離婚などの場合は申し出の取下げは不要です）。

なお、一方が離婚届を提出したときは、相手方のもとに役所から離婚届が受理された旨の通知が届きます。

このように簡単な手続きで協議離婚は成立しますが、離婚届を提出してもそこで決められるのは、離婚することと子どもがいる場合の親権についてだけです。

記入の注意

鉛筆や消えやすいインキで書かないでください。
筆頭者の氏名欄には、戸籍のはじめに記載されている人の氏名を書いてください。
届書は、1通でさしつかえありません。
この届出を本籍地でない役場に出すときは、戸籍謄本または戸籍全部事項証明書が必要ですから、あらかじめ用意してください。
そのほかに必要なもの　調停離婚のとき→調停調書の謄本
審判離婚のとき→審判書の謄本と確定証明書
和解離婚のとき→和解調書の謄本
認諾離婚のとき→認諾調書の謄本
判決離婚のとき→判決書の謄本と確定証明書

証人（協議離婚のときだけ必要です）		
署名 押印 生年月日	鈴木　○○　（鈴木）	中山　○○　（中山）
	昭和　○年　○月　○日	昭和　○年　○月　○日
住所	○○○県○○○市○○○町	○○○県○○○市○○○町
	○番地 番　○号	○番地 番　○号
本籍	○○○県○○○市○○○町	○○○県○○○市○○○町
	○番地 番　○号	○番地 番　○号

→父母がいま婚姻しているときは、母の氏は書かないで、名だけを書いてください。
養父母についても同じように書いてください。
□には、あてはまるものに☑のようにしるしをつけてください。

→今後も離婚の際に称していた氏を称する場合には、左の欄には何も記載しないでください。
（この場合にはこの離婚届と同時に別の届書を提出する必要があります。）

→同居を始めたときの年月は、結婚式をあげた年月または同居を始めた年月のうち早いほうを書いてください。

届け出られた事項は、人口動態調査（統計法に基づく指定統計第5号、厚生労働省所管）にも用いられます。

◎署名は必ず本人が自署してください。
◎印は各自別々の印を押してください。
◎届出人の印をご持参ください。

離婚届サンプル

離　婚　届 平成　年　月　日　届出 長　殿	受理　平成　年　月　日 第　号 送付　平成　年　月　日 第　号	発送　平成　年　月　日 長　印

書類調査	戸籍記載	記載調査	調査票	附票	住民票	通知

		夫	妻
(1)	(よみかた) 氏名 生年月日	氏 佐藤《さとう》　名 B太《びいた》 ○○年○月○日	氏 佐藤《さとう》　名 A子《えいこ》 ○○年○月○日
	住所 [住民登録をしているところ]	○○○県○○○市○○○町 ○番地/番　○号 世帯主の氏名　佐藤　B太	○○○県○○○市○○○町 ○番地/番　○号 世帯主の氏名　佐藤　B太
(2)	本籍 [外国人のときは国籍だけを書いてください]	○○○県○○○市○○○町　○番地/番 筆頭者の氏名　佐藤　B太	
	父母の氏名 父母との続き柄 [他の養父母はその他の欄に書いてください]	夫の父　佐藤　○○ 母　○○ 続き柄　長男	妻の父　山田　○○ 母　○○ 続き柄　長女
(3) (4)	離婚の種別	☑協議離婚 □調停　年　月　日成立 □審判　年　月　日確定	□和解　年　月　日成立 □請求の認諾　年　月　日認諾 □審判　年　月　日確定
	婚姻前の氏にもどる者の本籍	□夫 ☑妻　は　□もとの戸籍にもどる ☑新しい戸籍をつくる ○○○県○○○市○○○町　○番地/番　○号	(よみかた) 筆頭者の氏名　山田《やまだ》　A子《えいこ》
(5)	未成年の子の氏名	夫が親権を行う子	妻が親権を行う子　佐藤　C太郎
(6) (7)	同居の期間	平成　年　月　から (同居を始めたとき)	平成　年　月　まで (別居したとき)
(8)	別居する前の住所	番地/番　号	
(9)	別居する前の世帯のおもな仕事と	□1. 農業だけまたは農業とその他の仕事を持っている世帯 □2. 自由業・商工業・サービス業等を個人で経営している世帯 ☑3. 企業・個人商店等（官公庁は除く）の常用勤務者世帯で勤め先の従業員数が1人から99人までの世帯（日々または1年未満の契約の雇用者は5） □4. 3にあてはまらない常用勤労者世帯及び会社団体の役員の世帯（日々または1年未満の契約の雇用者は5） □5. 1から4にあてはまらないその他の仕事をしている者のいる世帯 □6. 仕事をしている者のいない世帯	
(10)	夫妻の職業	(国勢調査の年……平成　年の4月1日から翌年3月31日までに届出をするときだけ書いてください) 夫の職業	妻の職業
	その他		
	届出人署名押印	夫　佐藤　B太　(印 佐藤)	妻　佐藤　A子　(印 佐藤)
	事件簿番号		

住所を定めた年月日	
夫	年　月　日
妻	年　月　日

連絡先	電話（○○○）○○○－○○○○番 自宅・勤務先・呼出　方

しかし、後々ご説明しますが、離婚する際には他にも決めなければならないことがたくさんあるのが通常です。

調停や裁判での離婚であれば、調停調書や和解調書、判決書のなかで、様々な取り決めがなされます。

そこで、協議離婚の場合も**離婚協議書**（75ページ）を取り交わすことをおすすめします。

もちろん、「協議書」なので相手方が同意しなければ取り交わせません。離婚することと親権については異論がないが、財産分与などの点では争いがあるため、財産分与などを盛り込んだ離婚協議書の取り交わしが難航するケースもあります。その場合は、とりあえず離婚だけでも速やかに成立させたい事情があるときは、離婚協議書にこだわることなく離婚届に署名押印を取りつけて協議離婚を先に成立させることになります。

最近は、インターネットなどにも離婚協議書のサンプルが掲載されていて、協議離婚書が作られることが多くなってきました。

書式に決まりはなく、それぞれの署名（できれば押印も）さえあれば、手書きでも構いません。

具体的な条項の定め方についても厳格な決まりがあるわけではありませんが、不安であ

■離婚協議書サンプル

離婚協議書

夫○○（以下、「甲」という。）と妻○○（以下、「乙」という。）は、甲乙間の協議離婚につき、以下のとおり、合意する。

記

（離婚の合意）
第１条　甲と乙は、本日、協議離婚することに合意する。
（親権者）
第２条　甲と乙は、甲乙間の未成年の子○○（平成○年○月○日生。以下、「丙」という。）の親権者を母である乙と定め、今後同人において監護養育する。
（離婚届）
第３条　甲は、乙に対し、本日、本席上で自らの署名押印済みの離婚届を交付し，これを受領した乙は、本日中に、自らも署名押印した離婚届を提出して離婚の届出を行う。
（養育費）
第４条　甲は、乙に対し、丙の養育費として、平成○年○月○日から同人が成年に達する日の属する月まで１か月当たり金４万円を、毎月末日限り、乙名義の○○銀行○○支店の普通預金口座 (口座番号○○○○○○○) に振り込む方法で支払う。
第５条　甲と乙は、丙の養育費として、前項に定めるほか、丙に関し、入学や入院等の特別な費用が生じる場合は、互いに協議してその分担額を定める。
（面会交流）
第６条　乙は、月に１回程度、丙に甲と面会交流させる。その日時や場所、方法については、子の福祉を尊重し、甲乙が協議して定める。
（財産分与）
第７条　甲は、乙に対し、財産分与として、金 100 万円を支払うこととし、これを平成○年○月○日限り、第４条の預金口座に振り込む方法により支払う。
（連絡先の変更）
第８条　甲と乙は、その住所や居所、電話番号等の連絡先を変更した場合は、遅滞なく、相手方にこれを通知することとする。
（清算条項）
第９条　甲と乙は、本件離婚に関し、以上をもって円満に解決したことを確認し、本協議書に定めるほかに何らの債権債務関係がないことを確認する。

上記のとおり合意したので、本書２通を作成し、甲乙が各自署名押印の上、各自１通ずつ保有する。
平成○年○月○日

（甲）　住所
　　　　氏名　　　　　　　　印
（乙）　住所
　　　　氏名　　　　　　　　印

れば弁護士にチェックしてもらうとよいでしょう。また、複雑な取り決めをする場合は弁護士にアドバイスをしてもらったり、実際に作成してもらうのが無難です。

養育費や慰謝料といった金銭の支払いの約束がある場合は、**公正証書（78〜81ページ）のかたちにしておくと強い効果が生まれます。**公正証書は公証人が作成する公文書です。養育費や慰謝料の支払いが滞った場合、単なる離婚協議書であれば、訴訟提起をして判決を得る（離婚協議書が証拠になります）などしたうえで、さらに、その判決などに基づいて強制執行の手続きを裁判所に申し立てる必要があります。しかし、公正証書にしておけば、この公正証書に基づいて直ちに強制執行の手続きをとることができますので、支払いを滞らせることができないというプレッシャーを強く与えることができます（強制執行のひとつである給与の差押えについては、１４２ページをご覧ください）。

離婚の際の約束をすべて公正証書に盛り込もうと考える人もいますが、強制執行との兼ね合いで公正証書にする実益があるのは、このような金銭の支払いについての約束のみです（「強制執行認諾約款」という条項を入れることによって、直ちに強制執行することが可能となります）。

ですので、離婚協議書を作成し、必要な点のみ別途公正証書を作成することもあります。

このように、金銭の支払いの強制執行をしやすくすることが目的になりますので、給与所得者ではないなど強制執行が実際上難しいケースでは、公正証書という形式にこだわる必要はそれほどないことになります。公正証書にしない方がスムーズに離婚協議書を取り交わして離婚できるのであれば、公正証書化に固執することはありません。

また、財産分与として**不動産を譲り受ける場合があります**（慰謝料の支払いに代えて不動産の譲渡を受けることもあります）。この場合には、登記手続を依頼する司法書士にあらかじめ必要書類（登記申請委任状など）を作成してもらい、離婚協議書の取り交わしの際に、この必要書類に署名（実印による）押印を取り付け、印鑑登録証明書を受け取るなども済ませておきます。そうすれば、あとはこちら側だけで移転登記手続きが可能となります。

支払い済みまで、乙指定の銀行口座に振込み支払うものとする。

　なお、振込手数料は、甲の負担とする。

第４条　甲は、前条の慰謝料の支払いについては、分割金10万円以上その支払いを怠ったときは、期限の利益を失い、乙に対し期限の利益喪失日の翌日から支払い済みまで年10パーセントの遅延損害金を付して残金を直ちに支払わなければならない。

第５条　甲が乙に支払う金員については、先に養育費に充当し、残余を慰謝料の支払いに充当する。

第６条　甲は、本証書に基づく金銭債務を履行しないときは、直ちに強制執行に服する旨陳述した。

第７条　甲及び乙は、本公正証書に定める以外に相手方に対して、何らの債権債務関係のないことを相互に確認する。

以上

本旨外要件

○○○○○○○○○○○○

会社員

甲　○○○○

公証人役場

(81ページにつづく)

■公正証書サンプル

平成○年　第○○号

養育費用及び慰謝料給付等契約公正証書

本公証人は、後記嘱託人の嘱託により、その法律行為に関して録取した陳述の趣旨を、次のとおり録取する。

夫○○○○（以下、甲という。）と妻○○○○（以下、乙という。）は、離婚することに合意し、子の処置、養育費用及び慰謝料等に関して、本日、次のとおり契約した。

第１条　甲、乙間に生まれた長女○○○○（平成○年○月○日生）の親権者及び監護権者を乙と定め、乙は前記長女○○を引取り、これを養育するものとする。

第２条　甲は、乙に対し、前記長女の養育費として、離婚成立の月から毎月末日限り、同長女が２２歳に達する日の属する月までの間、毎月金５万円を、乙の指定する銀行口座に振込み支払うことを約した。なお、振込手数料は、甲の負担とする。

第３条　甲は乙に対し、離婚に伴う慰謝料として、金300万円也を支払うことを約し、以下のとおり支払うものとする。

平成○年○月から、毎月末日限り、毎月金５万円也を、

公証人役場

前記提出の委任状は、認証を受けない私署証書であるから、法定の印鑑証明書を提出させて、その真正なことを証明させた。

この証書は、平成○年○月○日、本公証人役場において作成し、列席者に閲覧させたところ、各自これを承認し、次に本公証人と共に署名捺印する。

○○○○　印

○○○○　印

○○○○○○○○○○○○

○○地方法務局所属

公証人　○○○○　印

上記は謄本である

平成○年○月○日、本公証人役場において

○○○○○○○○○○○○

○○地方法務局所属

公証人　○○○○　印

公証人役場

■公正証書サンプル（つづき）

昭和○年○月生

上記委任代理人

○○○○○○○○○○○○

弁護士

○○○○

昭和○年○月生

○○○○○○○○○○○○

パート従業員

乙　○○○○

昭和○年○月生

上記委任代理人

○○○○○○○○○○○○

弁護士

○○○○

昭和○年○月生

○○○○

○○○○

上記の者は、本公証人氏名を知らず、かつ、面識がないので、運転免許証の記載を閲覧して、その人違いでないことを証明させた。

公証人役場

ポイント

- 離婚の大多数は協議離婚。
- 協議離婚の場合は、離婚協議書を取り交わす。
- 養育費や慰謝料の支払いを定める場合は、強制執行を視野に入れると、公正証書にしておくのが望ましい。

調停離婚

夫婦のいずれかが離婚に合意しない場合や、離婚することには合意していても、親権や養育費、慰謝料、財産分与などの条件面で合意が難しく協議離婚できない場合は、家庭裁判所に離婚調停を申し立てることができます。

家庭裁判所は全国各地にありますが、離婚調停を申し立てることができるのは相手方の住所地にある家庭裁判所です。

ですので、別居して2人が遠方に住んでいる場合は、調停を申し立てる側の負担が大きいことになり、申し立てをためらってしまうこともあります。

もっとも、調停が不成立になった後に離婚訴訟を提起する場合は、原告側の住所地にある家庭裁判所でも提訴できます。

それなら最初から離婚訴訟を提起したいところですが、離婚訴訟を提起するには、前もって調停手続きを経ることが法律で定められています。これを**「調停前置《ぜんち》主義」**といいます。

調停前置主義がとられているのは、離婚といった家庭内の問題は、いきなり裁判（裁判は公開が原則です）で解決するよりも、まずは、調停委員（一般の方であり必ずしも法律の専門家ではありません）という中立的な第三者を介して調停という非公開の場で当事者同士が話し合った方が、早期に円満で柔軟な解決を図ることが期待できるためです。

もっとも、相手方が行方不明であったり、刑務所に服役しているなど、離婚調停が難しい特殊なケースでは、例外的に直ちに離婚の訴えを起こすことができるとされています。

調停の申立ては、調停申立書という書面を家庭裁判所に提出することによって行います。収入印紙１２００円と郵便切手（各家庭裁判所によって内訳は異なりますが、総額で８００円前後のところが多いです）、戸籍謄本を添えて申立てをします。

申立書の書き方も難しくなく（わからないことがあれば家庭裁判所に尋ねることもできます）、費用もそれほどかからないので申立て自体は簡単といえます。

ただ、第1回の調停期日が入るまでには、申立てをしてから1か月前後は要します。2回目以降の調停も約1か月ごとになりますので、時間がかかるというのが調停離婚のデメリットといえます。

ですから、協議離婚が成立する見込みがあって、なるべく早く離婚したい場合は、協議離婚を目指す方がよいでしょう。

離婚協議が暗礁に乗り上げたときは、調停を申し立てた上で離婚協議を続けるといった進め方もあります。停滞した協議が調停申立てという「事件」で再び動き出すことがあります。そうして、最初の調停期日までに協議離婚が成立して調停の申立てを取り下げるといったケースもあります。

続いて**離婚調停の実際**についてご説明しましょう。

弁護士に依頼した場合は、調停期日には弁護士とともに調停に臨むことになります。離婚調停では、弁護士に委任しても、基本的には本人も出席する必要があります。

他方、弁護士に委任せずに調停を申し立てた場合は、もちろん、調停期日には自分だけで臨みます。

調停の場は「調停室」と呼ばれる小部屋です。夫と妻（申立人と相手方）が一緒に調停室に入って話し合うことは原則としてありません。調停室に交互に入って、調停委員らと話をします。

離婚調停のキーパーソンは裁判官ではなく調停委員です。男女各1名の調停委員が固定して事件を担当します。建前としては、この調停委員2名と裁判官による調停委員会が事件にあたることになっていますが、調停が成立するまでに裁判官が調停室に現れることはほとんどありません。

親権など子どものことで調整が必要な場合は、調停委員の他に家庭裁判所調査官も調停に加わります。また、調停官と呼ばれる人が裁判官の代わりをすることがあり、その場合は、この調停官も調停委員と一緒に調停に臨むことが多いです。

申立人と相手方は、待合室も別々になっています。そのため、言葉を交わさないどころか、顔を合わせることもないまま、その日の調停が終わるというのがむしろ通常です（DV絡みの事件などでは、待合室を別階にする、調停期日を違う日にする、時間をずらせるといった慎重な配慮をしてもらえます）。

1回の調停期日は、交互に何回か調停室に入って話をして、トータルで2時間ほどで終了することが多いです（そのため、約半分が待ち時間となりますので、待合室で手持ちぶさたな思いをすることもあります。本でも持って行った方がよいかもしれません）。

調停が次回に続く場合は、期日が終了する際に次回期日を決めます。たいていは1～2か月先に指定されます。

調停委員は双方の話を我慢強く聞いて調整を図り、解決に向けて妥協点をさぐります。

当事者同士の離婚協議ではまったく埒があかなかったのに、調停を重ねることによって折り合いがつき、調停離婚が成立するということがよくあります。離婚訴訟まで進むことが避けられないと予想していた事件が調停で解決するケースが少なくありません。

また、様々な思惑がはたらいて、年末（12月）や年度末（３月）になって急きょ調停離婚が成立することも実際に多いです。

調停の主役はもちろん申立人と相手方なのですが、先ほども述べましたように、**キーパーソンは調停委員**です（調査官が関与している事件では調査官も同様です）。

この調停委員とは良好な関係を築きたいところです。

しかし、相手方に対する感情的な反発をそのまま調停委員に向けてしまう人がいます。

調停委員が相手方の発言をそのまま伝えることがありますが、聞かされた当人は調停委員も同じように考えていると受けとめてしまいがちです。

調停を進めていくなかで、「調停委員が相手方の肩を持っている、自分に冷たく当たる」といった感慨を持つ人も少なくありません。

しかし、調停委員に不信感を募らせた状態では納得できる調停離婚を目指すことは難しいでしょう。

調停を進めて条件が整えば調停離婚が成立します。

「調停委員や裁判官が調停離婚の条件を決めるので、その裁定に従わなければならない」と誤解されている人もいますが、調停委員らはあくまでも調整を図るだけで、実際に決めるのは夫婦である申立人と相手方です。この２人が条件面で合意して初めて調停が成立します。

調停が成立することになると調停条項というものを定めます。裁判官が調停室に現れてこの調停条項を読み上げて確認することによって正式に調停離婚が成立します。

この調停条項が定められた**「調停調書」**（90、91ページ）が裁判所から後日送付されてきます。

養育費や慰謝料などの取り決めがある場合は、この調停調書には、先ほどの公正証書と同様に、直ちに強制執行ができるという効力があります（この調停調書や公正証書のことを強制執行の場面では「債務名義」と呼びます）。

なお、離婚調停が成立すれば、法的には離婚が成立したことになりますが、戸籍上は当然には離婚したことになりません。

調停成立から10日以内に役所に調停調書謄本を添えて離婚の届け出をする必要がありま

す。届け出には協議離婚と同様、離婚届に記入する必要がありますが、届け出をする側だけが署名押印すれば足ります。本籍地以外で届け出をする場合に戸籍謄本が要る点は協議離婚の場合と同じです。

この届け出を行うのは、原則として、調停の申立人です。しかし、妻が届け出をするのが好都合であるケースが多いです。夫が筆頭者となっている戸籍から妻が抜けることになり、また婚姻時の姓を離婚後も続けて使用するためには別途届け出が要るためです。

そのため、妻が申立人の場合は問題がないのですが、夫が申立人の場合は調停条項の中で申立人と相手方は「相手方の申し出により」調停離婚すると明記してもらう必要があります。手続き的な問題ですが注意が必要な点です。

このように、弁護士に依頼しなくても離婚調停は可能です。調停の待合室でも、弁護士がついている人もいればついていない人もいます。

ただ、その場合でも、調停をつつがなく進めていくために、離婚事件に詳しい弁護士に相談することをおすすめします。**弁護士のアドバイスをもとに戦略を立てて調停に臨めれば心強いです。**

家事審判官 認　　　印	

調書（成立）

事件の表示	平成○○年（家イ）第○○号　夫婦関係調整（離婚）調停事件
期　　　日	平成○○年○月○日　　午後○時○○分
場　　　所	○○家庭裁判所
家事審判官 家事調停委員 裁判所書記官	○○○○○ ○○○○○　○○○○○ ○○○○○
当事者等及びその出頭状況	本籍　○○○○○○○○○○○○○○○ 住所　○○○○○○○○○○○○○○○ ○○○○○ 申立人　○○○○○　（出頭） 申立人代理人弁護士　○○○○○　（出頭） 本籍　○○○○○○○○○○○○○○○ 住所　○○○○○○○○○○○○○○○ ○○○○○ 相手方　○○○○○　（出頭） 相手方代理人弁護士　○○○○○　（出頭）

別紙調停条項のとおり調停が成立した。

○○家庭裁判所

裁判所書記官　○○○○○

■調停調書サンプル

調停条項

1　申立人と相手方は、相手方の申し出により、本日、調停離婚する。

2　当事者間の長男○○（平成○○年○○月○○日生）及び長女○○（平成○○年○○月○○日生）の親権者をいずれも相手方（母）と定める。

3　申立人は、相手方に対し、前項記載の未成年者らの養育費として、平成○○年○月から同人らがそれぞれ満２０歳に達する日の属する月まで、１人につき毎月５万円を、各月末日限り、○○○銀行○○支店の○○○○名義の普通預金口座（口座番号○○○○○○○）に振り込んで支払う。

5　相手方は、申立人に対し、申立人が平成○○年○月以降、第２項記載の未成年者らと面会交流することを認め、その他、具体的な日時、回数、場所及び方法等については、未成年者らの意思を尊重し、かつ、その福祉を慎重に配慮して申立人と相手方が協議してこれを定める。

6　申立人は、相手方に対し、相手方及び未成年者らが現在居住している申立人名義の不動産に、平成○○年○月末日まで、引き続き無償で居住することを認め、その不動産にかかる住宅ローン、管理費及び修繕積立金については、引き続き申立人が負担する。

7　申立人と相手方との間の別紙記載の情報に係る年金分割についての請求すべき按分割合を、０．５と定める。

8　当事者双方は、本件離婚に関し、本調停条項に定めるもののほか、何らの債権債務が存在しないことを相互に確認する。

以上

上記は謄本である
平成○○年○○月○○日
○○家庭裁判所
裁判所書記官　○○○○○　印

実際に、私たちは、代理人としてではないかたちで、離婚調停中の方を継続的にサポートすることもよくあります。弁護士に代理人になってもらうと相手方も弁護士を立ててかえって紛糾することが考えられるので、敢えて代理人にはなってもらわず、調停の外でサポートを受けるという慎重な方もいます。

また、最初は弁護士を付けずに臨みますが、その後の調停の成り行きをみて調停の途中で弁護士に依頼する方法も考えられます。

なお、家庭裁判所は、調停に付されている離婚事件について、調停成立の見込みはないが、なお審判が相当であると考えられる事案では、調停に代わる審判をすることができるとされています。これを「審判離婚」といいます。

もっとも、この審判は当事者が異議を申し立てると失効することもあり、ほとんど利用されていません。

ポイント

●離婚調停のキーパーソンは調停委員（と調査官）。

●離婚調停は弁護士を立てずに本人だけで取り組むこともできるが、その場合でも、適宜、弁護士のアドバイスを受けることができる態勢が望ましい。

裁判での離婚

調停離婚が不成立で終了すると、離婚を求めるには離婚の訴えを家庭裁判所に提起しなければなりません。自動的に訴訟に移行することはありません。

「調停とは違って訴訟は弁護士に依頼しないとできない」と誤解されている人もいますが、離婚訴訟もまた弁護士を立てることは必須ではありません。弁護士を立てずに訴訟を追行することを「本人訴訟」といいます。

ただ、難しい問題をはらんでいるケースでは、やはり弁護士に委任する方が無難です。訴訟は訴状や答弁書、準備書面、書証といった書面のやりとりが中心となり、手を誤ると取り返しのつかないことになる危険があります。

また、特に相手方が代理人を付けている事案で多いのですが、裁判官が弁護士に委任することを強くすすめるときもあります。そのときは素直に従うのが賢明です。

訴訟に移行すると、弁護士に依頼しているときは、弁護士が対応しますので期日ごとに裁判所に出向く必要はありません。

代理人を立てている場合であっても本人が出席する必要があるのは、本人尋問や和解が成立する期日、和解に向けて裁判官が本人と直接話をしたいときぐらいです。

訴訟まで進むと判決で白黒がつくと思われがちですが、実際には、判決が下される前に解決することが多いです。**「和解離婚」**と言って、訴訟上の和解により離婚が成立します。判決離婚よりも和解離婚の方が圧倒的に多いのです。和解が成立したときは、**「和解調書」**が作成されます。

裁判官はほとんどのケースで折に触れてこの和解離婚をすすめてきます。これは、離婚後も（子どものことなどで）何らかの関係が続くことが多いため和解で終わる方が「軟着陸」ができて好ましいという配慮や、判決よりも和解の方が養育費などの支払いが続くことが一般的に期待できるといった考えにもとづきます（裁判官によっては、判決書を書くのが面倒であるという理由もあるかもしれません……）。

判決まで進んだ場合は、この判決に不服があれば、高等裁判所に控訴することができます。ですので、とことんこじれたケースでは離婚が成立するまでに長い年月がかかることになります。

調停離婚のところで役所に離婚の届け出が必要であることをご説明しましたが、このことは、和解離婚や判決離婚の場合も同様です。和解調書や判決書を添えて離婚届を提出することになります。

ポイント

●調停で片がつかないときは、どちらかが離婚訴訟を提起することになる。
●訴訟まで進んでも判決まで行かずに和解で終わることが多い。
●離婚訴訟も本人でできるが、弁護士を付ける方が無難。

離婚原因（離婚事由）

協議離婚や調停離婚で離婚する理由は問われませんが、離婚訴訟を提起するためには民法が定める次のような**離婚原因**（離婚事由）が必要です。

①配偶者に不貞な行為があったとき
②配偶者から悪意で遺棄されたとき
③配偶者の生死が３年以上明らかでないとき
④配偶者が強度の精神病にかかり、回復の見込みがないとき
⑤その他の婚姻を継続しがたい重大な事由があるとき

ここで大切なことは**「離婚原因があることを証明できるか」**という視点です。離婚原因があると主張する側に立証責任があります。いくら「実際にはこのようなことがあった」と訴えても相手方が否認すれば、こちらが立証できない限り、そのような事実はなかったと判断されてしまいます。

ですから、「証明可能な事実が離婚原因に該当するかどうか」を見極める必要があるわ

けです。

しかし、その判断は必ずしも容易ではありません。この点についても、離婚事件に詳しい弁護士のアドバイスを受けることをおすすめします（もっとも、弁護士であっても裁判官がどう判定するかの予想が困難な事案もあります）。

それぞれの離婚原因について具体的かつ正確に説明しようとすると、それだけで一冊の本になってしまいます。ですので本書では割愛しますが、ここでは離婚原因に関して勘違いされている人が多い話を2点だけさせていただきます。

まずは、**①「3年間別居すれば離婚ができる」という「説」**です。インターネットではこのような情報がまことしやかに流されていますが、**そのような法律の規定は現存しておらず、判例もありません。**

別居が3年以上続いていてもまだ婚姻関係が破たんしていないとして離婚が認められないこともありますし、反対に別居が3年に満たなくても既に婚姻関係が破たんしていると認定されるケースもあります。別居期間が何年であるということは婚姻関係の破たんを判断する際の一つの考慮要素にすぎないことにご注意ください。

また、**②「性格の不一致は婚姻を継続しがたい重大な事由」に当てはまるという「説」**もありますが、**これも不正確です。**性格の不一致には様々な意味合いがありますが、かなり特異な性癖を抱えているような特殊なケースでない限り、当然には離婚原因にはならないというのが実状です。

このような場合には、別居の長期化など他の諸事情と相まって初めて婚姻を継続しがたい重大な事由があると判断されうることになります。

ポイント

- **離婚原因があるといえるかどうかの見極めは難しい。憶説に惑わされない。**
- **離婚原因を証明できるかどうかの見極めはもっと難しい。**

有責配偶者からの離婚請求

婚姻関係が破たんしたことにもっぱら（または主として）責任がある配偶者のことを**「有責配偶者」**といいます。

この有責配偶者からの離婚請求は原則として認められないとされています。つまり、離婚訴訟を提起しても、相手方が離婚に応じない限り、離婚を認める判決が得られないということです。

この原則にも例外はあります。判例上、「①夫婦の別居が両当事者の年齢および同居期間との対比において相当の長期間に及んでいること、②その間に未成熟の子が存在しないこと、③相手方配偶者が離婚により精神的・社会的・経済的に極めて過酷な状態に置かれるなど、離婚請求を認容することが著しく正義に反するといえるような特段の事情がみとめられないこと」の各要件を充たせば、有責配偶者からの離婚請求も認められています。

しかし、30代の離婚では、小さな子どもがいることも多く、この要件をクリアすることは簡単ではありません。要件③の関係で、相手方に相当な代償を支払うことが求められることが多く、「有責配偶者は、相手方が離婚に応じない限り、離婚はできない」と捉えておいた方がよいでしょう。

この有責配偶者の典型例が不貞行為をはたらいた配偶者なのですが、判例上、**婚姻関係が破たんした後の男女関係は不貞行為には当たらないとされています。**

もっとも、この場合は、不貞行為に当たらないと主張する側が、婚姻関係が既に破たんしていたことを立証する必要があります。

別居して既に長い月日が経っていて離婚調停も申し立てているといった事情があれば、その時点での男女関係は不貞行為に当たらないと認められることもあります。

しかし、別居直後や同居中に関係を持った場合は、その時点で既に婚姻関係が破たんしていたことを証明するのは容易ではありません。

ポイント

- **30代離婚では、有責配偶者に該当する場合、相手方が離婚に応じない限り離婚することはできないと考えた方が無難。**
- **婚姻関係破たん後の男女関係は不貞行為に当たらないが、「破たん」していることの証明は容易ではない。**

別居——婚姻と離婚の間

(1) 別居のしかた

なかには離婚が成立するまで同居を続ける夫婦もいます。

しかし、少なくとも一方が離婚の意思を固めた後は離婚するまでに別居するケースが多いです。同居を続けているときは調停委員によっては離婚する方向で調整してもらいにくいという現実もあります。相手方が離婚の意思を固めていない場合、まだ同居しているのであればやり直せるのではないかとみられがちです。

ここでは、別居するときの注意点をまとめておきたいと思います。

別居の「作法」

別居までに少しは離婚の協議をしておきたいところです。

話し合いがほとんどないままに別居してしまうと、相手方は、そのこと自体をいつまでも非難し続け、後々までこじれる原因になることもあります。

もっとも、同居している間に離婚協議ができないときは、「冷却期間」を設けるなどといった名目で別居を実現してしまう方法もあることはあります。この場合は、別居後に離婚協議に持ち込むことになります（きちんと話し合いをしないと、いつまでも「冷却期間」が続いているだけということになりかねないので、注意が必要です）。

そして、別居すべく家を出るときは、そのことを何らかの方法で相手方に宣言すべきです。

何も言わずに家から突然姿を消すと、相手方によっては察しがつかず警察に捜索願を出してしまうこともあります。意味合いがわかる場合でも、何も告げずに出て行ったことに強く反発して勤務先などに乗り込んでくる人もいます。

面と向かって宣言すると相手方が怒り出して何をされるかわからないといった不安があるときは、置き手紙やメールなどでそのことを伝えるとよいでしょう。

なお、この別居するタイミングで、弁護士に正式に依頼して代理人になってもらい、その弁護士から相手方に受任通知を送ってもらうという方法もあります。置き手紙やメールなどにも弁護士に依頼したことを書いておきます。

この方法には、今後の連絡をすべて代理人弁護士を通してほしいと求めることができるメリットもあります。別居後も相手方は話があるなどと言って親族のもとを訪ねてきたり勤務先に現れたりすることがありますが、弁護士が介入することによってそのような事態をある程度回避することができます。

ポイント

- ●別居までに離婚協議の「実績」をつくっておく。
- ●別居することを相手方に宣言する。事後通知でもよいので必ず伝える。
- ●別居するタイミングで弁護士に依頼する方法もある。

住居を確保する――実家に帰るという選択肢

別居して自宅を出るとなると、別居後の住居を確保する必要があります。

小中学生の子どもがいるときは子どもたちが転校せずに済むのが理想ですが、このことを重視しすぎて近場での転居にこだわりすぎると、家賃負担が重くのしかかって生活が成り立たなくなるなどの危険があります。ですので、住むところは慎重に考える必要があります。

また、賃借マンションなどに移り住む場合は、賃貸借契約の締結に当たって保証人を用意するよう求められることもあります。

そのようななか、頼れる実家があるときは、しばらく実家で厄介になるというのはよくあるパターンです。

特に妻が子どもを連れて家を出る場合、子どもの世話をしながら住居を確保して自ら生計を立てるのは時に至難の業となりますので、実家でサポートをしてもらえればとても助かります。

30代の妻の両親であれば子どもを迎え入れて孫の面倒をみることができることも多いです。この点も30代の離婚の特徴の一つといえます。

ポイント

- 別居する前に住居を確保する必要があるが、住居費の負担はなるべく抑えたい。
- ひとまず実家に帰ることができるときは、有力な選択肢と位置づけるべき。

別居と子ども

これまで子どもの監護養育をメインで行ってきた方が家を出るときは、子どもも連れて行くのが通常です。

しかし、なかには子どもを置いて単身で家を出てしまう人もいます。「転校させるのが忍びない」「子どもを連れて行くのが大変だ」などその理由は様々ですが、この状態が長期化すると、その後の親権をめぐる争いで不利に働くこともあります。それまで自分が監護養育してきた事実をいくら訴えても、相手方のもとで監護養育されている現状を優先して、裁判所が相手方に親権を与えてしまうおそれがあります。

１人で家を出た後、子どもを連れて行きたいと考えているが相手方がこれに応じない場合は、速やかに子どもの監護者の指定と引渡しを求める調停や審判、保全処分をそれぞれ申し立てることを検討する必要があります。

ポイント

●親権を譲りたくないときは、必ず子どもを連れて別居する。

住民票をどうするか

相手方の承諾を得なくても、自分や子どもの住民登録を転出先に異動させることは可能です。乳幼児を抱えて別居する場合、別居先の市区町村に住民登録をしていないと別居先の保健所で検診や予防接種を受けることができないという実際上の不都合もあります。

ただ、注意を要するのは、「勝手に」住民票を移したことに強く反発する相手方もいるという点です。相手方に事前あるいは事後に伝えるかどうか、住民票をしばらくはそのままにしておくかは、相手方の性格など考慮して決めるようにしてください。

また、ＤＶ（ドメスティック・バイオレンス）被害を受けていて身を隠したケースでは、住民票を移すことによって転居先を相手方に知られてしまう危険があります。

ＤＶの被害者が申し出ることによって、加害者からの住民票や戸籍の附票（市区町村に本籍のある者の住所の履歴に関する記録）の交付請求や閲覧請求を拒否する措置を講じてもらうことができますが、相手方から依頼を受けた弁護士などが職務上請求するとこれに応じてしまう役所もあるようです。

したがって、実際上の支障がなければ住民登録は異動させない、または実家などの親族のもとに一時的に移すといった方策を講じることも検討すべきです。

ポイント

●自分や子どもの住民票は、相手方の承諾を得なくても異動させることができる。

●相手方に別居先を知られたくない場合は、住民登録の異動には注意を要する。

健康保険証（被保険者証）

健康保険を使って医療を受けるには、医療機関に健康保険証（被保険者証）を提示する必要があります。

保険証は家族１人ずつ個別にカード化されて交付されることが多くなってきました。

別居するときは、自分と子どもの分の保険証を忘れないよう注意をしてください。

カード化されておらず家族で一枚の被保険者証になっている場合は、子どものことを考えて、思い切って持ち出すことも考えられます。

もっとも、保険証の切り替えや相手方の転職に伴い保険証をいったん返却する必要があることもあります。しかし、離婚の問題がこじれて感情的になっている相手方が新しい保険証を渡すことに応じないケースもなかにはあります。

相手方から保険証を受け取れないために自分や子どもが受診することを控えている方もいますが、決して好ましい事態ではありません。

相手方と直接交渉したり受け渡しをすることが難しい場合は、親族や共通の知人に間に入ってもらうことも考えられますし、また、このことを契機に弁護士に依頼することも一つの方法です。

ポイント

●別居するときは、健康保険証を確保する。

別居するときに持っていく物

先ほどの健康保険証（被保険者証）の他に、自分や子ども名義の預貯金の通帳やキャッシュカード、届出印なども持って行きます。また、生命保険や医療保険などの保険証券や実印、印鑑登録カードなどの貴重品も忘れないようにしてください。

衣服などの身の回り品もできる限り持って行きます。

相手方が離婚や別居に反対している場合は、後から持ち出すことは時に困難を極めます。そのような場合は、当面は持ち出せないと覚悟しておいた方がよいでしょう。

ですので、別居するまでに、あらかじめ少しずつ持ち出すとか、運送業者を利用して一気にまとめて運び出すといった工夫が必要となることもあります。

難しいのは、**相手方名義の預貯金**などです。

自分が管理している場合、あらかじめ払戻しを受けて持ち出すことは実際上可能です。キャッシュカードを利用すれば少しずつ出金したり振り込むことができます。数日に分けて作業すればまとまった預貯金を移動させることができます。

自分名義の預貯金の残高がほとんどないような場合は、ある程度持ち出すことも検討する必要があります。

もっとも、なかには後々の財産分与を考えて全体の半分ほど持ち出す人もいます。さらには、慰謝料の支払いを確保することまで考えて、相手方名義の預貯金の大半を出金する人もいないわけではありません。

しかし、相手方の激しい反発を招く可能性がありますので、後日、財産分与などで渡してもらうことが期待できるケースでは最低限にとどめるのが賢明です。このあたりは、相手方のパーソナリティーとの兼ね合いで判断すべきところです。

ポイント

- **後々持ち出すことは難しいと考えて、必要な物は別居時にすべて持ち出す。**
- **相手方名義の預貯金の取り崩しは慎重に。**

別居後の自宅への立ち入り

相手方の了解が得られない場合、別居した後に自宅に立ち入ることには注意を要します。

「自宅には変わりないから自由に家の中に入れるはずだ」と考えている方もいますが、それほど単純ではありません。

たとえ自分名義の家であっても、別居して時間が経過すると、現在の居住者（つまり相手方）の許可なく立ち入ることが許されなくなることもあります。刑法上の住居侵入罪に抵触する可能性もあります。

相手方が拒んでいるのに立ち入ると、相手方が警察に通報することがあります。その場合の警察の対応は様々なようです。夫婦間の問題であるとして退去するよう勧告するだけで終わることもありますが、それにとどまらないこともありえますので気をつけなければなりません。

自宅への立ち入りを拒む相手方としては、損害賠償請求や立入り禁止の仮処分の申し立てといった対抗策を講じることもあります。

ポイント

●別居後は自由に自宅に立ち入ることができないケースもある。その場合に立ち入ると警察沙汰になることもあるので慎重に。

別居していきなり異性のもとには行かない

別居にあたり、異性のもとにいきなり転がり込む人がいます。しかし、これは絶対に控えるべきです。

恋愛関係にはなく単なる友人にすぎなくても、異性の家に厄介になると、どうしても男女の関係にあるとみられてしまいます。相手方が調査業者に依頼して、異性と一緒に自宅から出てくる様子を撮影した写真を証拠として示し、不貞関係にあると主張されたケースもあります。

その場合、裁判所は「2人は男女の関係にある。しかも、別居前から関係があった」と認定してしまいます。これを覆すことは事実上不可能です。

実際に男女の関係にある異性のもとに別居して移り住む人もいますが、その場合に別居する前から婚姻関係は既に破たんしていたと主張しても、これが認められることはほとんど期待できません。

ポイント

●男女の関係にあろうがなかろうが、別居してすぐに異性の自宅に出入りすることは慎む。

(2) 婚姻費用

婚姻費用とは夫婦の生活費のことで、その資産や収入、社会的地位などに応じて社会生活を維持するために必要な費用を意味します。「婚費《こんぴ》」と略称されることもあります。

この婚姻費用は夫婦で分担することが法律で定められています。

夫婦が別居している間も、婚姻費用の分担義務は変わらず発生します。そのため、別居している夫婦の間で収入の多い方が少ない方に対し婚姻費用を支払う義務があります。収入が少ない方が子どもを引き取っているときはその点も考慮されます。

婚姻費用の支払いをする方を「支払義務者」、支払いを受ける方を「支払権利者」といいます。

婚姻費用が離婚の成立の鍵を握ることもあります。

たとえば、妻子と別居した夫が離婚を求めているときに、法定の離婚原因（離婚事由）がない場合は、妻が離婚に応じない限り、簡単には離婚できません。離婚できない間は、夫は婚姻費用を支払い続ける必要があります。

この場合、夫は、〈この先何年も離婚できないまま婚姻費用を支払い続けること〉と〈解決金などの名目でまとまった金額を支払って速やかな離婚を実現すること〉を天秤にかけることになります。妻としては、夫から納得できる離婚条件が提示されれば離婚に応じればよいわけです。

この婚姻費用の金額をどうするかについては、夫婦で話し合って決めるのが原則です。双方が納得すれば、どのような金額の婚姻費用の取り決めをすることも自由です。

婚姻費用の支払いについて合意ができたときは、**書面にしておく**ことをおすすめします。婚姻費用として支払うこと、支払金額、支払方法（口座振込みなど）、支払期限（毎月末日など）さえ明記されていれば、その書面にサイン（とできれば日付）を取り付けておけば、たとえ手書きであっても合意があったことの立派な証拠になります。

この合意は、この後でご説明する**算定表**に基づく金額よりも高額の支払いを約束している場合に、特に価値があります。

婚姻費用の金額などについて合意ができないときは、家庭裁判所に婚姻費用の分担を求める調停を申し立てることができます。支払権利者から申し立てることが多いのですが、支払義務者から申し立てることもあります。

最終的に調停が成立したり、あるいは調停が不成立となって審判で婚姻費用が決まった場合は、調停を申し立てた時点にさかのぼって婚姻費用の金額が定められることになります。今後、離婚が成立する（または別居を解消する）まで、月額いくら支払うという取り決めと同時に、さかのぼって申立て時から調停成立・審判の時点までの分の支払いも決めることとなります。

ここで重要なことは、**さかのぼるのは「調停の申立て時」まで**であるということです。

たとえば、婚姻費用が別居後3か月支払われなかったので婚姻費用の調停を申し立てた場合、この３か月分は婚姻費用としては求めることができないとされています（離婚の際の財産分与として考慮されることはあります）。

ですので、婚姻費用の支払いがない場合や十分な支払いを受けられない場合は、速やかに調停を申し立てることをおすすめします。

調停の場でも、２人が納得さえすれば、どのような金額の調停でも成立させることも可能です。しかし、金額面で折り合いがつかないときは、**婚姻費用の算定表**（１１７ページ）によって算出される金額を基準にして調停委員が調整を図ります。

この表は裁判官らで構成された「東京・大阪養育費等研究会」の提案によるもので、**「算定表」**と略称されます。

調停や審判などの場でもこの算定表をもとに婚姻費用や養育費の金額を求めるのが一般的になりつつあります。そういう意味で、この算定表は実務でも使われているスタンダードであるといえます。

ただ、この算定表は、標準的な婚姻費用を簡易迅速に算出することを目的としています

■婚姻費用・子２人表（第１子及び第２子０～14歳）

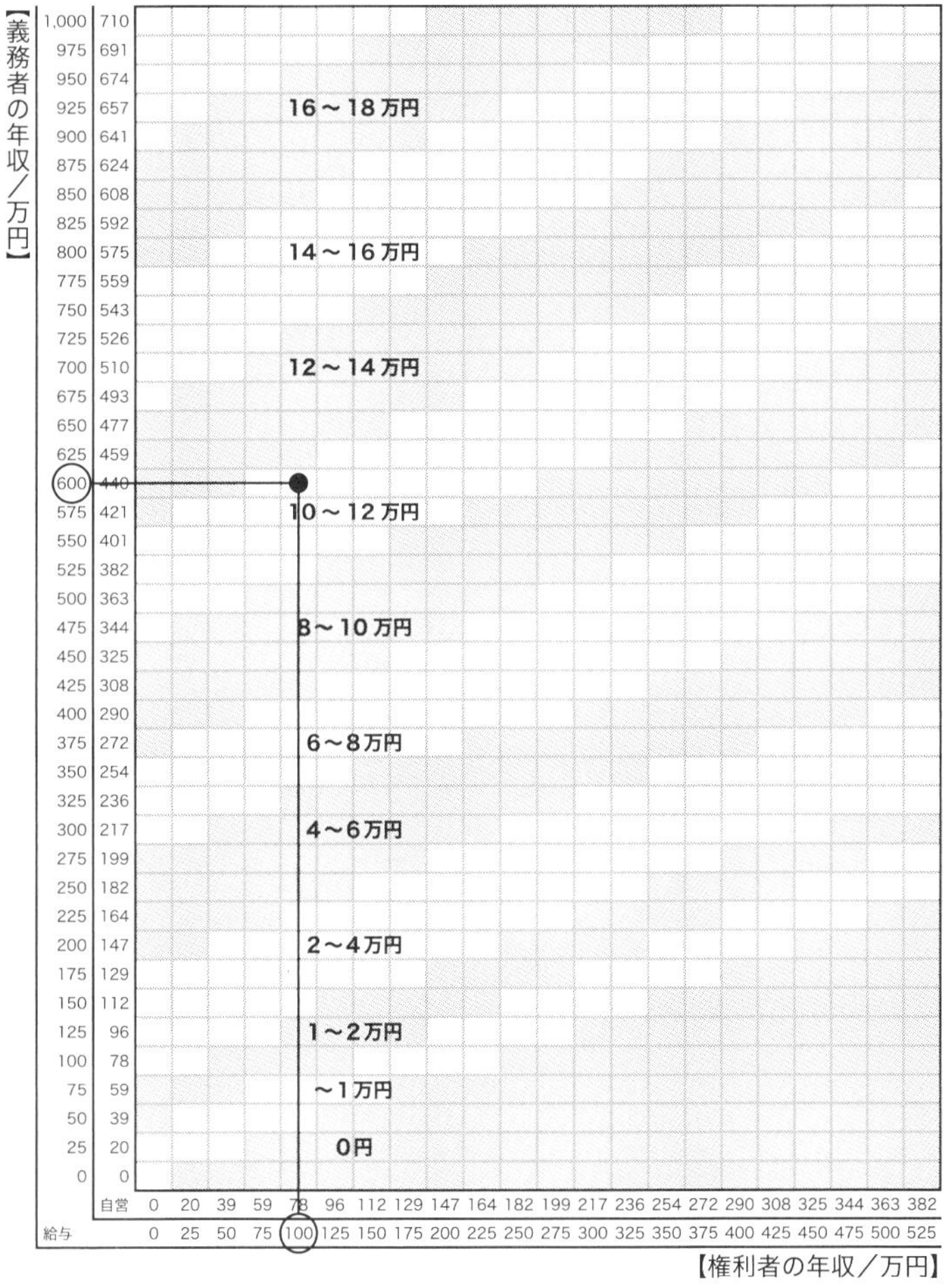

【例】夫が給与所得者で年収が600万円、妻が給与所得者で年収が100万円で、妻が夫と別居して２人の子どもを監護しているケース

ので、最終的な婚姻費用は事案ごとの個別具体的な事情をも考慮して定めることになります。算定表を形式的・機械的に当てはめれば必ず正しい金額が算出されるというわけではないことにご注意ください。

算定表は、子どもの有無や人数、年齢によって複数用意されています。支払義務者と権利者の総収入が縦軸と横軸で交差するところで月額の婚姻費用相当額を求めることができます。

たとえば、３歳と5歳の２人の子どもを別居中の妻が監護している場合で、サラリーマンの夫の年収（税込みの収入で、源泉徴収票の「支払金額」の数字です）が６００万円、パートの妻の年収が１００万円のケースでは、夫は妻に対し婚姻費用として月額10～12万円の「幅」の範囲内の金額（この例では12万円に近い数字）を支払う義務があることになります。妻を扶養する義務がある分、養育費よりも金額は多くなります。

この算定表によって算出された金額についての受けとめようですが、支払う側は「高すぎる」と不満に思い、受け取る側は「少なすぎる」と不満に思うことが多いです（そういう意味では、やはり「相当」な金額なのかもしれません）。

以下、この算定表で婚姻費用を算出する際に注意すべき点をピックアップしておきます。

双方の収入は源泉徴収票や所得証明書、給与明細書などを開示することによって確定します。

これらの資料を提示しないなどの理由で**支払義務者の収入が不明の場合**は、「賃金センサス」と呼ばれる統計データ（性別と年齢と学歴別の年間収入が列記されています）をもとに収入を推計することになります。

それまで定職に就いていたのに退職して無職になったり、働くことができるのに働かない場合も、同様に「賃金センサス」で収入を推計します。

また、**支払権利者が実家などから援助を受けているケース**もありますが、この分は収入として加算されません。ただ、働くことができるのに働かずに実家の援助を受けている場合は、「賃金センサス」に基づいて収入を推計されることもあります。小さな子どもを抱えているようなときは働くことが難しいと考えられますので、支払権利者の収入はゼロとして算出します。

支払権利者が実家にいて住居費を負担していない点は、算出された「幅」の範囲のなかで考慮すべき事情であると考えられています。

子どもが私立学校に通っている場合は、婚姻費用額を加算する事情となることがあります。算定表は公立学校の教育費を指数として定められているためです。実際に支払うべき授業料などと公立学校の教育費との差額を支払権利者と支払義務者の収入で按分した額がひとつの目安となります。

また、算定表では支払義務者の収入の上限が２０００万円になっています。**２０００万円を超える収入がある場合**の婚姻費用については個別具体的な事情をもとに相当額を決めるものとされています。子どもが１人しかいないときは、２０００万円の収入として算出されることが多いようです。

夫が高額所得者で妻が専業主婦の場合、同居している間は、この算定表を上回る生活費を受け取っていることが少なくありません。この場合、生活水準を下げることを余儀なくされることもあるので、妻は離婚に向けて別居したくてもなかなか別居に踏み切れないという悩ましい事態に陥りがちです。

また、**支払義務者である夫に前妻との間に子どもがいてその養育費を支払っている場合**は、この点も考慮して計算することになります。たとえば前妻との間の子どもが１人いて、現在の妻との間の子どもが２人いる場合、３人の子どもがいる算定表を用いることになります。そこで算出された金額を割り振って（割り振り方は子どもの年齢によって変わってきます）、婚姻費用額を求めることになります。

なお、妻が子ども手当などの公的手当を受給していても、そのことを婚姻費用額を定めるときに考慮しない（つまり、婚姻費用額を低くする事情にはならない）という裁判例があります。子ども手当などは私的扶助の補充的な意味合いが強いためです。

また、**別居後も妻が夫名義の不動産に居住し続けて夫が住宅ローンを負担しているケース**もよくあります。この場合、夫が、住宅ローンとして返済している金額をそのまま婚姻費用額から差し引くよう主張することがありますが、これを認めた審判例などはありません。それは、住宅ローンを支払うことには資産形成という側面もあるためです（返済した分だけローン負担が少なくなった不動産を保有できるという意味合いです。この資産形成という側面を強調して婚姻費用を決める際には一切考慮しないとした判例もあります）。

それでは、夫が住宅ローンを負担している点をどのように考慮するかが問題となりますが、裁判例にみられる考え方は一様ではありません。年収に応じた住宅関係費の統計データがあり、これに基づいて考慮するのが合理的であると思いますが、このあたりは離婚事件に詳しい弁護士に相談されることをおすすめします。

調停では、調停委員がこの算定表で算出される金額に依拠して調停成立に向け調整をしますが、折り合いがつかず調停が不成立となると、審判手続きに自動的に移行して、審判官（裁判官）が審判を下すことになります。

ポイント

●婚姻費用について合意ができれば書面化しておく。

●婚姻費用の調停は速やかに（申立て後の分しか婚姻費用として受け取れないため）。

●算定表に基づいて婚姻費用の相当額の確認をする。算出方法が正しいかどうか不安があるときは、離婚事件に詳しい弁護士にアドバイスを求める。

（3）子どもの監護者の指定と引渡しを求める

「監護者」とは実際に子どもの面倒をみている者のことをいいます。

夫婦が同居しているときは、親である父と母が２人で子どもを監護しています。

しかし、夫婦が別居すると、どちらか一方が子どもを監護することになります。

この場合、別居して子どもと一緒に暮らしている方が、子どもを事実上監護している格好になりますが、他方の親がこの状態を良しとしないことがあります。

互いに「自分が監護した方が子どものためになる」「自分こそが監護者にふさわしい」と主張して争いになることが少なくありません。

どちらも譲らずに収拾がつかないときは、**子どもの監護者の指定の審判（または調停）、子どもの引渡しの審判（または調停）**を申し立てて解決を図ることになります。

ただ、調停は月に1回程度の頻度でしか進まず、審判も通常は数か月かかります。

そうなると、子どもは事実上監護している親のもとでの生活を続けることになりますが、その親が子どもに暴力を振るう、食事を満足に与えないといった事情があるときは、子どもに深刻な悪影響を及ぼす危険があります。また、一方の親のもとで安定した生活を送っていたのに他方の親が子どもを連れ去ったような場合は、速やかに子どもを元の生活に戻してあげる必要があります。

このような場合は、**審判の申立てと審判前の保全処分の申立てをあわせて行います。**

審判が下されるまで待てない事情（「保全の必要性」といいます）がある場合は、審判が出る前に、どちらか一方を「仮に」監護者に指定し、一方の親のもとに「仮に」引き渡す（あるいは引き渡さない）という決定を行います。

この保全処分の申立てがあると、家庭裁判所は、迅速に「審問」と呼ばれる裁判所で話をする期日を開いたり調査官に調査を命じるなどして速やかに決定を下します。

ただ、実際には緊急を要する事情がないケースであっても、この保全処分の申立てがなされることも少なくありません。

監護権者や（離婚の際の）親権者を決める際、裁判所は実際に子どもを養育している親に有利な判断を下す傾向があると指摘されています。この点、調停や審判に委ねるのではあっという間に月日が経過してしまい、その間、実際に子どもを養育していない親が「実績」をつくる格好になってしまいます。そのような事態を防ぎたいとの思惑から、実際には「保全の必要性」が認められない場合であっても、保全処分の申立てが審判の申立てと当然のようにセットになってなされる傾向がみられます。

そのため、裁判所は保全処分の申立書や審問での聴取によって、真に保全の必要性があるかどうかを見極めます。緊急性がないと判断した場合、審判事件を調停に付する（保全処分の事件の方は判断を保留する）といった措置を講じることもあります。

ですので、速やかに保全処分の手続きを進めさせて家庭裁判所の裁定を仰ぐためには、説得力のある申立書や証拠を提示することが必要となります。

裁判所は監護者の指定や子どもの引渡しについての判断には細心の注意を払います。

それはこの判断が後々離婚が成立したときの親権者を決めるのに匹敵する効果があるた

めです。どちらが監護者としてふさわしいかは、どちらが親権者としてふさわしいかの判断と重なるところが多いのですが、この時点で監護者と認められた者が監護を続ければ、その後よほどの問題がない限り、そのまま親権者と指定される公算が大きくなります。

審判（または保全処分）の結果、子どもを（仮に）引き渡せという決定が出ても、これに従わないケースもあります。

その場合は、強制執行の手続きをとることによって、執行官の手で実際に子どもを一方から他方へ引き渡す措置がとられることがあります。このことを**「直接強制」**といいます。
保育園や小学校からそのまま連れていくこともあります。

ポイント

●別居後、離婚が成立するまでの間の監護権について争いがあるときは、審判や調停、審判前の保全処分を申し立てることができる。

●保全処分の申立てに応じて、裁判所が速やかに決定を下すかどうかは、「保全の必要性」が認められるかどうかによる。

（4）離婚までの間の子どもとの面会交流

離婚の際に、子どもとの面会交流（面接交渉）について取り決めをすることがありますが、離婚が成立するまでの間も、別居している親には子どもと面会交流する権利が原則としてあります。

これに対応して、子どもと同居している親には面会交流させる義務があることになりますが、離婚前は、この面会交流に難色を示すケースが少なくありません。

そのまま子どもを連れて行かれるのではないかという不安を抱く親もいますし、そのような心配がなくても相手方に対する感情的な反発から会わせないこともあります。

そのため、面会交流を求めてもなかなか実現しないことがあります。そのような場合は家庭裁判所に**調停や審判の申立て**をすることができます。調停が不成立で終わったときは審判手続きに自動的に移行します。

審判まで進むと、面会交流を求める親が子どもを虐待していたといった特別な事情がない限り、裁判所は詳細な方法を定めて面会交流を認める決定を下しますが、この決定に従わない場合には、強制執行手続きによっても面会交流を強制的に実現させることはできません。子どもの引渡しの場合のような「直接強制」ができないとされています。

その代わりに「面会交流の決定に違反する毎にいくら支払え」という**「間接強制」**が可能です。

また、面会交流をさせないことは、親権者や監護者を決めるときに実際上マイナスに働きます。同居していない親と定期的に接触することは子どもが健全に育っていく上で重要であると考えられているところ、その機会を奪うということは子どものことを第一に考えていないとみられてしまうためです。

ポイント

- **離婚前であっても、子どもとの面接交流を求めることができ、話し合いが難しいときは、調停や審判を申し立てることができる。**
- **面会交流を認める審判が出ても、これに従わないときは、強制執行をもってしても、面会交流を直接実現させることはできない。**

（5）ＤＶ（ドメスティック・バイオレンス）被害――保護命令

保護命令とは、配偶者の暴力から被害者の生命・身体を守るため、地方裁判所（家庭裁判所ではありません）が、被害者の申立てによって、一定期間、加害者を被害者から引き離すために発する命令のことです。

いわゆるＤＶ防止法（正式名称は「配偶者からの暴力の防止及び被害者の保護に関する法律」といいます）にもとづく制度です。

保護命令には「接近禁止命令」と「退去命令」があります。

「接近禁止命令」は、加害者に対して、６か月間、被害者の身辺につきまとったり、被害者の住居や勤務先などの付近を徘徊することを禁止します。

この接近禁止命令にあわせて、子どもや親族等への接近禁止命令、電話などの禁止命令も申し立てることができます。

他方、**「退去命令」**は、夫婦が同居している場合に、被害者が同居する住居からの引越しの準備などのために、加害者に対して、２か月間、家から出て行くことを命じ、住居付近を徘徊することを禁止します。

保護命令に違反した場合は、１年以下の懲役または１００万円以下の罰金に処せられることがあります。

ＤＶ防止法によって、婦人相談所などの施設が**配偶者暴力相談支援センター**とされていて、ここでは各種のサポートが受けられます。一時保護のための施設（いわゆるシェルター）は、婦人相談所に設置されている他、婦人相談所から委託された民間の団体の施設もあります。婦人相談所のシェルターは福祉事務所を通じて利用することになりますが、警察に保護を求めることによっても利用できることがあります。

ＤＶ被害によって身動きが取れない状態に陥っているとき、この保護命令の申立てを行うことによって現状を打破することが考えられます。

ＤＶ被害の立証が時に難しいことは既にご説明しましたが、この保護命令が認められたという事実はＤＶ被害があったことの有力な証拠にもなります。

保護命令の申立ては、いろいろな書面を用意しなければなりませんが、本人でも可能です（婦人相談所などでアドバイスを受けることもできます）が、この時点から離婚事件に詳しい弁護士に相談してそのサポートも受ける方が心強いです。

ポイント

●ＤＶ被害を受けている場合、保護命令の申立てをして認められることが、ＤＶ被害から身を守る上で極めて有用である。また、保護命令が出た事実は相手方を有責配偶者に追いやることにつながり、離婚の手続きを進めるうえでも有利となりうる。

子どもの幸せを考える――親権、養育費、面会交流

(1) 離婚と子ども

離婚は、夫と妻の2人のできごとにとどまりません。2人の間に子どもがいる場合は、その子どもにとっても一大事です。親と同様に、子どもの人生の大きな転機ともなります。30代の離婚では、子どもはまだ小さいことも多く、片方の親と離ればなれになることは、子どもにとって自分の体を引き裂かれるような辛い体験となるおそれもあります。

しかし、だからといって形ばかりの家族生活を惰性で続けていくことも子どもたちにとって好ましくはありません。子どもは、親が想像する以上に敏感に父親と母親の関係を感じ取っているのです。親同士がいつもいがみ合っている、あるいは会話がほとんどないようですと、子どもはその間で板挟みになって徐々に疲弊していきます。

「子どものことを考えると離婚はできない」という言葉をよく耳にしますが、本気で夫婦の関係を立て直そうという考えがないのであれば、「子どものことを考えるからこそ」離婚することも考える必要があるでしょう。

ですので、自分たちの幸せと同じように、あるいは、それ以上に大切なこととして子どもの幸せを考えて、夫婦の離婚問題に取り組んでいただきたいと思います。

ポイント

●結婚しているときよりも子どもの笑顔を多くみられるような離婚をめざす。

(2) 親権

未成年の子どもがいる場合、離婚するときは、どちらか一方を親権者として定めなければなりません。

まず、**「親権」**とは何かを少し詳しく説明しますと、親権は「身上監護権」と「財産管理権」の二つから成り立っています。
「身上監護権」は未成年の子どもに社会性を身につけさせるために監督・保護し、また精神的発達をはかるために配慮をすることを意味します。これには、子どもがどこに住むかを決めたり、子どものことを叱ったり、子どもが仕事に就くことを認めるようなことも含まれます。

他方、「財産管理権」は未成年の子どもが財産を持っているときにその財産を管理したり、法律行為について子どもを代理したりする権利のことです。

また、親権には、子どもの身分上の行為の代理権も含まれます。たとえば、15歳未満の子どもに代って氏の変更や、養子縁組・離縁の代諾、相続の承認や放棄などを行います。

それでは、この親権者はどのようにして定められるのでしょうか。

協議離婚の場合は、離婚自体についてと同様、親権者をどちらにするかについても夫婦で話し合って決めることになります。**離婚届の用紙**（72、73ページ）には親権者の欄もあります。

離婚することについては争いがないものの、どちらも親権を譲らないために協議離婚が成立しないことはよくあります。

調停離婚の場合も、親権者としていずれかが指定されます。すでにご説明しましたように、調停は双方の合意が得られなければ成立しないので、親権者についても両方が合意して定めることになります。具体的には、調停条項の一つとして、「未成年者○○の親権者を父（または母）である申立人（または相手方）であると定め、同人が監護養育する」といった取り決めをします。

裁判離婚の場合は、裁判所が判決の中で父母の一方を親権者として定めます。判決まで至る場合でも、どちらを親権者とするかについては争いがないケースもあります。その場合はスムーズに親権者は決まりますが、親権について争いがある場合は、裁判所がどちらに親権を委ねるのが子どもにとって望ましいかを裁定することになります。

裁判所が判断する場合、様々な事情を総合的に考慮して親権者が決められるのですが、**裁判所が重視していると考えられる事情**がいくつかあります。

まず、**①現に子どもを監護養育している者が優先される傾向があります。**「継続性の原則」などと呼ばれることもあります。夫婦が別居していて一方の親のもとで子どもが特に問題なく生活している場合には、親権者を他方の親に認めることによって子どもをとりまく環境をいたずらに変更すべきでないという配慮が働いています。

そのため、親権を失いたくない者が自宅を出て別居する場合、子どもを連れて行くケースが多いです。残された側も親権を主張しているときは、子どもを連れて行くことの了解を取らずに別居することになるため、この別居を契機に、夫婦間の対立が一気に激しくなることが少なくありません。

また、別居状態になった後に、監護養育しない側が相手方の了解を得ずに子どもを連れ去るケースもみられます。しかし、このような行為は子どもの生活環境を大事に思わない行動として、親権者の判断では不利な事情とされます。

次に、**②子どもがまだ乳幼児の場合は母親が優先される傾向にあると一般的には言えます。**

ただ、これは「母親優先」というよりも「母性優先」という方が正確です。なので、乳幼児であっても父親の方が子どもと接触している時間が多いなど、子どもの身の回りの世話を父親が主体的に行っていた場合は、父親が親権者と指定されることもあります。

さらに、**③最近は子どもの意向を尊重する傾向も強くなってきたと言われています。**

法律上も、15歳以上の子どもについてはその陳述を聞くこととされているのですが、たとえ15歳未満であっても、中学生、さらには小学校高学年くらいになってくると子ども自身の考えも重要視されます。このくらいの年頃になると、子どもの意向と反対の親に親権を委ねても、子どもの理解がなかなか得られず、適切に親権を行使していくのが難しいと考えられます。

また、小学校の中学年・低学年であっても、子どもの意向を裁判所が参考にすることはよくあります。実際には家庭裁判所調査官という専門家が子どもと実際に会って子どもの話を聞くことがあります。もっとも、どちらの親と暮らしたいかなどとダイレクトに問うことはなく、またどちらか一方と暮らしたいと子どもが言っても、それで親権者が決まるようなことはないと言われています。

また、**④子どもが複数いる場合、どちらか一方の親に子ども全員の親権を委ねることが**

多いと言われています。「兄弟不分離の原則」などと呼ばれることもあります。男の子と女の子がいるからといって、「男の子は父親に、女の子は母親に」ということにはなりません。

　このように離婚の際にどちらか一方を親権者としなければならないわけですが、時に、**親権者は一方の親としつつも監護権者を他方の親とすることがあります。**先ほど親権には身上監護権と財産管理権があると説明しましたが、親権のなかの監護権を相手方に委ねるというものです。親権者と監護権者を分ける場合、父親を親権者、母親を監護権者とすることが実際には多いです。

　親権について争いがある場合、このように親権者と監護権者を分けることによって親権の問題を解決させて協議離婚する例がみられます。

　具体的には、母親が育てることには異論はないが、その子どもを父親の家業の跡継ぎにしたいような場合に親権と監護権を分けて帰属させることがあります。父親が親権を確保しているため、母親が再婚するようなことがあっても父親の意向に反して子どもが再婚相手の養子になることはありません。

もっとも、子どもを実際に監護養育していない者が適切に親権を行使できるかについては疑問がなくはないところです。父親と母親の関係が良好でない場合は、監護養育のあり方、親権行使のあり方をめぐってかえってトラブルを招くおそれもあります。

そのようなこともあって、裁判所は親権者と監護権者を分けることには必ずしも積極的ではありません。

父親側が親権を争っている場合に、母親側が早く離婚したいがために監護権さえ確保できればと考えて親権を父親に委ねて協議離婚する例を時折みかけます。親権者の変更という手続きもありますが、変更はそう簡単には認められません。

ですので、親権者と監護権者を分けるにあたっては、それが子どもにとって好ましいかどうかを慎重に考える必要があります。

ポイント

●離婚する場合、未成年の子どもの親権者をいずれかに定める必要がある。

●親権について争いがある場合、裁判所は、様々な事情を総合的に判断して親権者を指定するが、そこでは、現に子どもを監護養育している者、これまで監護養育を実際に担ってきた者に親権を委ねる傾向にある。また、子どもの意向も年齢に応じて考慮される。

●親権者と監護権者を分離することもできるが、そうすべきかどうかは慎重に検討しなければならない。

（3）養育費

養育費の取り決め方

離婚して親権（監護権）を相手方に委ねることになったとしても、もちろん親子の関係に変わりないので、子どもを扶養する法的な義務があります。具体的には、相手方に対し、子どもの養育費として金銭を支払う義務があることになります。婚姻費用と同じく、養育費を支払う方を「支払義務者」、支払いを受ける方を「支払権利者」といいます。

この養育費の金額や支払方法をどうするかについても、まずは話し合いで決めることになります。

協議によって養育費の金額や支払方法が決まれば、支払いを受ける方の立場の人はこれを**文書化**しておくことを強くおすすめします。

もちろん、口頭の約束であっても法的には有効なのですが、その内容について争いとなる事態に備えて証明するための資料があった方が安心です。書面にしておく方が支払う側が支払わなければならないという自覚を強く持つという実際上の効果も期待できます。

その文書は手書きでもかまいません。最低限、月々の金額や支払期限（毎月末日など）、支払の終期（成年に達するときまでなど）を定め、署名と作成日付さえ入っていれば、法的に効力のある書面となりえます。

相手方の協力を得て**公正証書**にすることができれば、その約束はさらに強力なものになります。「強制執行認諾約款」といいますが、「約束を守らない場合は強制執行されてもかまいません」という条項を入れておけば、養育費の支払いが滞《とどこお》った場合に、この公正証書を強制執行ができる書面（「債務名義」といいます）として、相手方の給与を差し押さえるなどして支払を受けることが可能になります。公正証書ではない合意文書しかない場合は、これを証拠として訴訟を提起して判決を得なければ強制執行はできません。

なお、**養育費を理由とする給与の差押えには特別な効力があります。**貸したお金を返さない、慰謝料を支払わないといった場合にも給与の差押えは可能ですが、そのような場合とは異なる効力が認められています。

まず、**①差し押さえることができる給与の範囲が広がります。**

通常は、総支給額から税金と社会保険料を差し引いた残額の4分の1しか差し押さえることができません（総支給額から税金と社会保険料を差し引いた残額が33万円以上の場合は、その金額から33万円を差し引いた残額すべてを差し押さえることができます。つまり、通常の差押えであっても、高給の場合は4分の1以上の差押えも可能です）。

しかし、法律が改正されて、養育費を理由とする場合はこれが最大2分の1まで拡張されました。

また、**②やはり法改正によって、将来分の養育費も差し押さえることができるようになりました。** 差押えをした翌月以降に発生する養育費の支払いを受けるために、翌月以降の給与についても継続的に差し押さえることができます。これによって、何度も給与を差し押さえるといった手間がなくなりました。

支払いをする側としては、一度、給与を差し押さえられてしまうと、仮に滞納分を一括で支払って滞納を解消しても翌月以降の給与の差押えが続いてしまい、勤務先に迷惑をかけ続けることになります。

養育費について話し合いがまとまらないときは、家庭裁判所の**調停や審判、離婚訴訟で解決を図る**ことになります。

調停などで定められた養育費を支払わないときは、家庭裁判所に履行勧告・履行命令を求めることができます。

この履行勧告や履行命令には強制力はありませんが、支払義務者が家庭裁判所からの働きかけがあれば支払いに応じるタイプなら、強制執行などを行う前にこの制度を利用する手もあります。特別な費用がかからないというメリットもあります。

ただ、養育費の取り決めは、親権者の指定と違って離婚後に行うことも可能です。

養育費についての話し合いという「風呂敷」を広げてしまうと、協議が紛糾して離婚自体の合意も得られなくなる事態が懸念されるケースでは、養育費の問題は棚上げして、ひとまず親権者を定めて協議離婚することを先行させるという選択肢も考えられます。協議離婚が成立した後で、協議を持ちかけたり調停を申し立てるなどして養育費の取り決めを行います。

特に母親側にとっては、速やかに離婚すること自体に様々なメリットがある場合があります。母子家庭となることで児童扶養手当を受給したり、公的な住宅への優先的入居や医療費の補てん、健康保険料の優遇といった公的なサポートを受けることも可能になります。

ポイント

●養育費のための強制執行には特則が設けられている。強制執行にスムーズに移ることができるように公正証書で取り決めをするのがベター。

●養育費のことを持ち出すと協議離婚自体が難航するおそれがある場合は、先に協議離婚をしたうえで、調停などで養育費を請求することも考えられる。

養育費の算定方法

父母で話し合いがまとまれば、養育費の金額を自由に定めることができます。そのため非常に高額な養育費の約束をすることも可能ですが、継続して支払うことが難しくなることが予想されます。せっかく取り決めをしても、早晩、養育費が滞りがちとなったり支払われなくなったりすることがめずらしくありません。このような事態は受け取る側にとっても好ましくありません。ですので、継続的に支払うことが確実に可能な数字にとどめておくことは実は受け取る側にとっても大切です。

いつまで支払うかも自由に決めることができます。成人（20歳）に達するまでとすることが多いのですが、「大学を卒業するまで」「22歳まで」とすることもあります。

また、毎月の支払いとは別に、進学時の入学金などを別途負担するといった合意をすることもあります。「一切の教育に関する費用」を負担するといった取り決めがされることがありますが、授業料はもちろん、学用品や制服の購入代、塾代や予備校の費用も含まれることになりますので注意を要します。

しかし、話し合いがまとまらず審判や訴訟で養育費を決める際は、婚姻費用のところでご紹介した**「算定表」が養育費についても用意されています**（１４７ページ）。東京と大阪の裁判官らによる研究会が養育費を簡易迅速に算定できるよう提案したものです。この算定表は裁判所の実務でも採用されています。調停でもこの算定表にもとづいて調整が図られます。

養育費の算定表は、婚姻費用の算定表と同じく、子どもの数や年齢構成ごとに用意されています。養育費を支払う側（義務者）と受け取る側（権利者）の年収をもとに相当な養育費額を算定します。

たとえば、3歳と5歳の2人の子どもを妻が親権者として監護養育する場合、サラリーマンの夫の年収（税込みの収入で、源泉徴収票の「支払金額」の数字です）が６００万円、パートの妻の年収が１００万円のケースでは、夫は、妻に対し、養育費として、月額8～10万円の「幅」の範囲内の金額（この例では8万円に近い数字）を支払う義務があることになります。妻の扶養義務がなくなる分、婚姻費用よりも金額は少なくなります。

この算定表はインターネットで「養育費　算定表」などで検索すれば簡単に出てきます。

■養育費・子2人表（第1子及び第2子0～14歳）

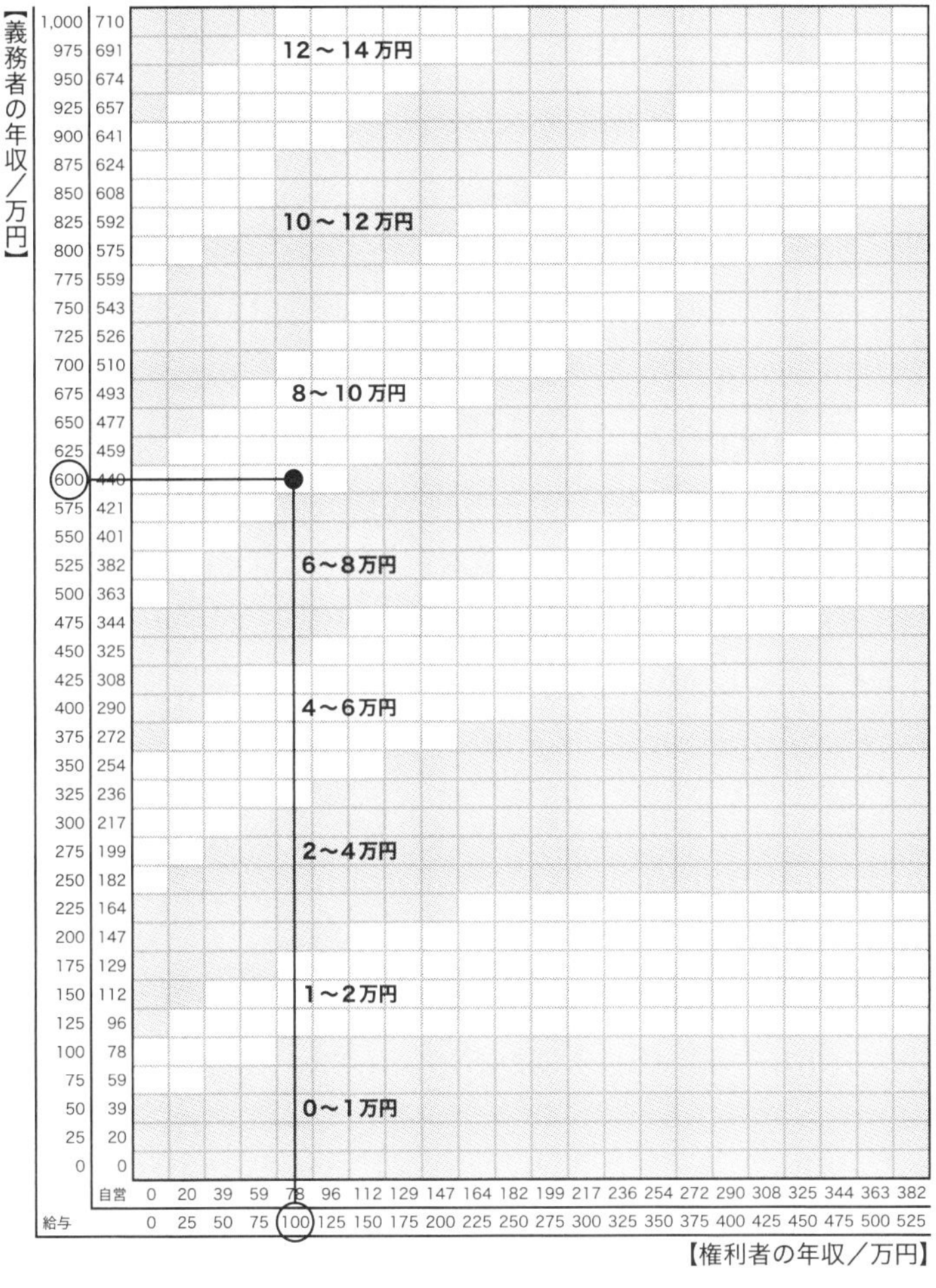

【例】元夫が給与所得者で年収が600万円、妻が給与所得者で年収が100万円で、妻が2人の子どもの親権を取得して監護しているケース

そのため、話し合いの時点でも、この算定表で算出した数字をもとに協議するケースが増えてきました。

ポイント

- **養育費の算定方法について裁判所で決めるときは、「算定表」に基づいて算定する。**
- **養育費額がどの程度になるかは離婚後の生活設計にも関わるので、「離活」の一環として、あらかじめ算定表を当てはめて相当額を確認しておく（そのためには、双方の収入を把握する必要がある）。**

養育費額の変更

取り決めた養育費は絶対的なものではありません。養育費の増額や減額を請求することができます（このことはすでにご説明した婚姻費用についても同様です）。

もちろん、相手方が応じてくれるのであればその理由や内容は自由ですが、相手方が応じない場合、養育費の変更を求めるにはそれなりの理由が必要です。

具体的には、取り決めをした時点で当事者が予測できなかったような事情の変更があった場合に限り、増額・減額を請求できるとされています。

変更を請求できる典型例は、**お互いの収入の大きな変化**です。

先ほどご説明したように双方の収入をもとに養育費額は算定されますので、これに大きな変化が生じたときは養育費額の相当額も変わってきます。もっとも、たとえば支払義務者が意図的に退職して無収入になったような場合は減額の請求はできないとされています。

また、**支払義務者が再婚して子どもが新しくできた場合**も減額の請求がなされる典型的なケースです。新たに誕生した子どもを扶養する義務も発生するためです。

反対に**支払権利者が再婚**することもありますが、子どもが再婚相手と養子縁組をしたときは減額の請求ができます。養親となった再婚相手もまた子どもの扶養義務を負うためで、この再婚相手による扶養が優先するとされています。具体的には支払権利者と再婚相手の各収入を合算して養育費を算定するケースが多いです。

さらに、これは予測できない事情変更ではありませんが、**子どもが15歳になったことも事情変更の一つ**であると考えられています。算定表をご覧いただければわかりますが、子どもが14歳以下と15歳以上とで異なる表が用意されていて、15歳以上の方が算出される養育費は高額になります。大きくなるにつれて教育費を中心に費用がかさんでくるためです。

ポイント

●養育費の増額・減額請求をすることができるが、それには取り決めをした時点で予測できなかったような事情の変更が必要である。

養育費の一括前払い

養育費は月払いが原則ですが、時に一括での前払いが問題となることがあります。支払を受ける側からすれば、長年月にわたって月々きちんと支払ってもらえるか不安に感じるのも無理からぬところです。支払義務者が死亡するようなことがあれば、もはや誰も養育費を支払ってくれません。

また、支払う側も、毎月支払うのが煩わしいなどの理由で一括での前払いを申し出ることがあります。前払いをする代わりにディスカウントを要求し、これが受け容れられるケースもあります。このような話は特に離婚後の面会交流を双方とも望んでおらず、疎遠になることが予想されるケースで時折みかけます。

もっとも、養育費は一括で支払われると贈与税の課税対象になるとされています。

また、先払いされた分が子どもの扶養のために適切に使われなかったため、子どもの扶養に充てる分がなくなってしまった場合は、支払義務者は改めて養育費を支払う義務を負うこともあると考えられています。そのようなこともあってか、裁判所はこの前払いでの処理を進めることには概して慎重です。

さらに、一括前払いによってすべて片がついたと思っても、先にご説明したような事情変更を持ち出され、増額分の養育費の支払いを別途求められる可能性もなくはないところです。

ポイント

●養育費の一括前払いは双方が納得しないと実現できない支払方法であり、それなりの資金も求められるが、その意味合いやリスクをしっかりと理解した上であれば検討の余地もある。

（4）面会交流

離婚によって夫婦は他人となりますが、親子の関係には変わりありません。

子どもを養育しない方の親のことを**「非《ひ》監《かん》護《ご》親《しん》」**と呼びますが、養育する方である「監護親」に対し、子どもと会って交流することを求めることができます。これを**「面会交流権」**といいます。

子どもが非監護親と交流を持つことはその子どもの健全な成長・発達にも資すると考えられていますので、面会交流は単なる権利ではなく義務としての側面があると考えることもできます。

この面会交流についても離婚の際に取り決めをすることが増えてきました。

離婚協議書のなかで、「甲は、乙が、月に1回程度、長男と面会交流することを認める。面会交流の日時・場所・方法等は、子どもの福祉を尊重しつつ、甲と乙が協議して決める」といった定め方をするのが一般的です。

「月に1回」とすると、月に2回以上は会えないし、反対に1回は必ず会わなければならないということになりかねず、運用が硬直的になりかねないことから、「月に1回程度」とされることが多いです。

面会交流について話し合いでまとまらないときは、**調停や審判を申し立てる**ことができます。また、離婚訴訟のなかで面会交流についてもあわせて判決がなされることもあります。

しかし、調停で面会交流の約束をしたり、面会交流を認める判決や審判が出ても、監護親が面会交流に応じないことがあります。

その場合、強制執行も可能なのですが、子どもとの面会交流をそのまま強制的に実現すること（「直接強制」といいます）はできないとされています。

その代わり、**「間接強制」**といって、面会交流に応じない監護親に対し、「約束違反1回につき金○万円を支払え」ということを求めることができます。面会交流に応じなければお金を払わなければならないということで間接的に面会交流を強制するわけです。いくら支払えとされるかについては養育費額が目安とされることが多いです。

ただ、養育費を支払う方は、この間接強制金と養育費を相殺することは法的にできないとされていますので注意が必要です。

また、せっかく調停で面会交流の取り決めをしても、先ほどの例のように「面会交流することを認める」「協議して決める」といった内容であれば、この間接強制はできないとされています。

間接強制ができるようにするには、具体的に、毎月第何土曜日の何時からで、場所はどこにする、その日都合が悪いときはあらかじめ連絡して翌週にするなどと詳細な条件(「面会交流要領」などと呼ばれます)が定まっている必要があります。

また、面会交流に応じない場合は、それを理由に不法行為や債務不履行を理由に損害賠償請求をすることもできるとされています。

ポイント

●面会交流を確実に実現させたいが監護親が協力的でない場合は、面会交流の日時や場所などを具体的に決めておくようにする。

新しい人生のための夫婦の財産を分ける——財産分与など

(1) 財産分与とは

婚姻関係の解消の一環として、夫婦が婚姻期間中に形成した財産を清算する必要があります。これを**「財産分与」**といいます。

財産分与を具体的にどうするかについても話し合いで決めるのが原則となります。話し合いさえまとまれば、どのような財産分与も可能です。

話し合いがまとまらないときは、やはり家庭裁判所の調停や審判、訴訟で解決が図られることになります。

この財産分与もまた、養育費などと同様、離婚が成立した後に取り上げることができます。しかし、離婚して2年経過すると財産分与を求めることができないと法律で規定されているので注意が必要です。

裁判所が財産分与の額や方法などを定めるときは、当事者双方がその協力によって得た財産の額その他一切の事情を考慮すると民法で定められています。

財産分与の割合としては2分の1ずつとするのが原則です。「2分の1ルール」と呼ばれることもあります。

ただ、一方の収入が極めて多いケースでは、単純に折半とされないこともあります。たとえば医師や作家で高額所得者である場合、その収入は相手方の支えによるものというよりも個人の技能に負っている部分が大きいためです。2分の1でなくどのような割合にするかはまさにケースバイケースで決まります。

また、財産分与の対象となるのは「双方がその協力によって得た財産」ですので、たとえ一方の単独名義の財産であっても、夫婦が協力して形成した財産であるという実質があれば財産分与の対象となります。これを**「実質的共有財産」**といいます。

反対に、婚姻前からそれぞれが保有する財産や、婚姻期間中であっても相続によって取得したような財産は**「特有財産」**と呼ばれ、財産分与の対象とはなりません。「双方がその協力によって得た財産」ではないので対象外となるわけです。

ただ、実際には夫婦の実質的共有財産なのか特有財産なのかがはっきりしないことも少なくありません。このように夫婦のいずれに属するかが明らかでない財産は、法律によって夫婦の共有に属するものと推定されますので注意を要します。

たとえば相続したお金を家計収支のため日常的に使用している預金口座に混入させてしまうと、夫婦の共有財産と特有財産の区別がつかなくなるおそれがあります。婚姻期間が長くなってくるとなおさらです。そのため特有財産であると証明できないと夫婦の共有財産と推定されてしまいます。

ですので、婚姻前からの預金や婚姻中に相続した財産などは家計とは明確に区別して管理する（互いの出し入れがないようにする）方が無難です。

ちなみに、離婚した場合を想定して婚姻前にこの問題について相談に来られた方もいらっしゃいました。

また、婚姻中に形成した財産の清算が財産分与ですので、財産として残っていないものについては原則として財産分与の対象にはなりません。もっとも、一方が個人的に使い込んでしまったような場合はその分も残っているものとして財産分与を考えるケースもあります（使い込んだ方の取り分が少なくなります）。

実務でよくみかけるのが**子ども名義の預貯金**です。

入学祝いやお年玉を預金にしていた場合は、子どもの固有の財産といえますので財産分与の対象にはなりません。

しかし、家計の余剰金を子ども名義の預金にしていたようなときは財産分与の対象となりえます。

この場合、子どもへの贈与が成立していると考えることもできないことはないのですが、その後の家計の状況いかんによっては随時引き出して使う余地も残しているのが通常でしょうから、実質的には依然として夫婦の財産であるとみられることが多いです。もっとも、双方が納得すれば子どものために使われるべきであると考えて、財産分与の対象とせず監護親に委ねることも実際には多いです（その場合でも非監護親は監護親が正しく子どものために使ってくれるかどうかについて疑心暗鬼になりがちです）。

生命保険などの保険も、解約した場合に解約返戻金が発生するような保険であれば財産分与の対象になります。

その場合、実際に解約して解約返戻金を折半することもありますが、どちらか一方が保有し続けてその代わりに解約返戻金の半額に相当する金銭を支払うことで処理することが多いです。

細かいことですが、婚姻前から加入していた保険の場合は厳密には婚姻の前後に支払った保険料の割合などに応じて調整することになります。

子どもの学資保険も夫婦の共有財産として財産分与の対象となりますが、やはり子どものための保険ということで双方が納得して財産分与の対象から除外することも少なくありません。

なお、離婚に伴って保険の契約者を変更することがよくあります。たとえば夫が契約者となっていた学資保険を親権者となる妻名義に変更するようなケースです。

この名義変更の手続きには相手方の協力が必要です（書類に署名押印したり印鑑登録証明書を用意するなど）。

ただ、２人の関係が非常に悪化し、このような協力を取りつけることが難しい場合もあります。そのような場合は協議離婚であれば離婚届の取り交わしの席で、調停離婚であれば調停成立の際に調停委員を介して必要書類のやりとりまで済ませておくのが無難です。


時に激しい争いとなるのが**家具や電化製品といった動産**の財産分与です。

もちろん婚姻前に取得した物や婚姻後であっても各自が自由に使えるお金で購入した物などは特有財産となりますが、そうでない物やそのあたりがはっきりしない物は財産分与の対象になります。

たとえばテレビを一方が取得する場合、他方にその価値の半分に相当する金銭を支払うことになりますが、その価値とは購入価格ではなく現在価値を指します。具体的には中古業者への販売価格などが基準となるため、ごくわずかな金額になることが多いです。

そのため、現物の争奪戦がくりひろげられるケースもあります。財産分与が決まるまでは持ち出さないよう求めても、相手方によって選び出されるなどして紛争が激化する事例も時々あります。

時々、預貯金ではなくまとまった**現金**を自宅に保管している夫婦もいます。これも夫婦で形成したものであれば財産分与の対象になります。

ただ、預金と違って現金はその有無や金額が形跡として残らないことが多いことから注意を要します。

実際にあったケースですが、別居後、相手方が居住している自宅に立ち寄った折に押入れの中に数百万円の現金が隠してあるのを発見したのですが、このときはそのまま触れないでおきました。ところが、後日、再び立ち入ったときにこのお金は跡形もなく消えていたのです。このような場合、いくら押入れの中に数百万円の現金があったと主張しても、相手方に否認されたら最後、追及する術は残されていないことになります。

ポイント

●財産分与の対象となる財産かどうかを正しく見極める。実質的共有財産は含まれるが、特有財産は除かれる。ただ、その線引きが容易でないこともある。

（２）自宅不動産の財産分与

婚姻後に取得した自宅不動産は、特有財産と認められない限り、名義がどうであれ、夫婦の実質的共有財産として財産分与の対象になります。

自宅不動産を売却してその代金を分配することもありますが、売却せずに処理するケースが多いです。夫婦の共有名義のままにしておくことは少なく、通常はどちらか一方の名義にします。

その場合、基本的には、不動産の価値の半分に相当するお金（これを「代償金」といいます）を相手方に支払って清算することになります。たとえば、不動産の時価が１５００万円の場合、不動産を確保する方が相手方に７５０万円の代償金を支払います。

自宅を購入するときに**一方が頭金として特有財産を拠出する**ことがあります。親から贈与を受けて頭金を用意するケースも同様です。

この場合「自分が頭金の１０００万円を出したから、財産分与でも自分の方が１０００万円だけ多く受け取る権利がある」と考える人もいます。しかし、不動産の価値が購入時

■不動産の財産分与

3000万円で不動産を購入したケース

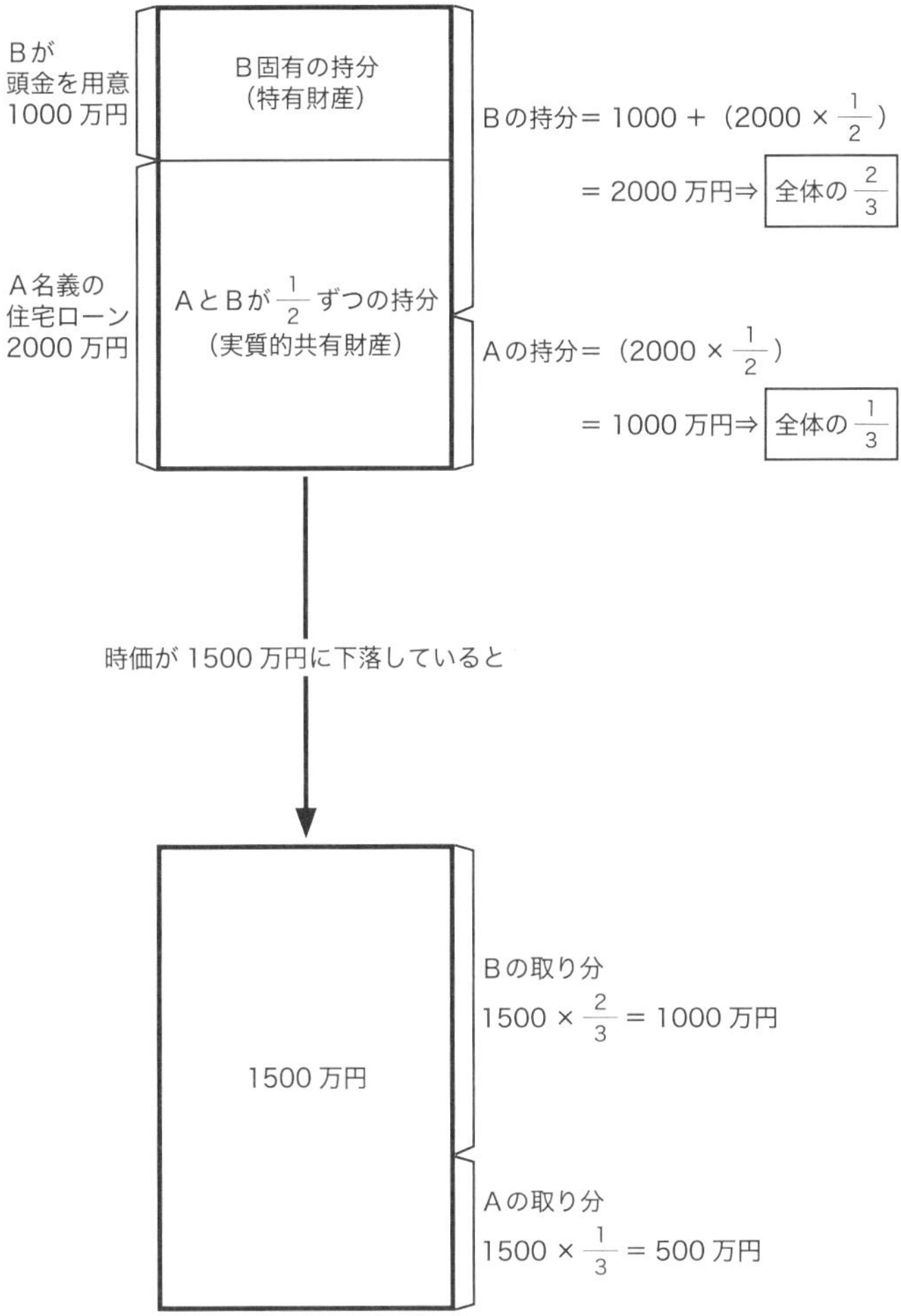

より下がっている場合、そのような主張は法的には通りません。家財道具などの動産のところでも触れましたが、現在価値で分与割合を考えるからです。

たとえば３０００万円の不動産を購入する際に、妻が１０００万円の頭金を提供し、残り２０００万円の住宅ローンを夫名義で組んだ場合、この不動産の実質的な持分は妻が３分の２、夫が３分の１となります。

この不動産の価値が１５００万円まで下落していた場合（住宅ローンはすでに完済していると仮定します）、この１５００万円を妻が３分の２、夫が３分の１の割合で分けることになります（夫１０００万円、妻５００万円ということですね）。

住宅ローンが残っている場合は、不動産の現在価値から住宅ローン残を差し引いた金額を同じ割合で分与します。

なお、そもそもの問題として、拠出した頭金が特有財産なのか夫婦の共有財産なのかが判然としないケースもあります。結婚してから何年も経ってから不動産を購入する場合にそうなりがちです。この場合、自分の特有財産から拠出したと主張しても、相手方がこれを争えば、特有財産から拠出したことを証明する必要に迫られることになります。

親から資金の贈与を受けたケースでも、贈与税の問題が絡むこともあって手渡しで譲り受けることもあります。これが10年も15年も前の話になってくると、お金の動きを証明することも次第に難しくなってきます。

ポイント

●頭金を一方が出している場合、自宅不動産の実質的な持分割合を正しく計算する。

●頭金を一方が出している場合、そのことを証明できるか確認しておく。

オーバーローンの状態にある場合

住宅ローンがある場合、売却しようにも、残っている住宅ローンの額よりも高値で売れないケースが多くみられます。たとえば住宅ローンがまだ２５００万円も残っているのに自宅不動産が２０００万円でしか売れないような場合です。このような状態を**「オーバーローン」**といいます。

30代の夫婦の離婚では数千万円単位のローン残があることはめずらしくありません。

オーバーローンの場合は、不動産を売却して清算するという選択肢がとりにくくなります。銀行がなかなか応じてくれないうえに（銀行側の同意がなければ抵当権を外せないので売れません）、仮に売れても売却代金で精算しきれなかった債務（数百万円、時には1000万円を超えることもあります）が残ってしまうからです。

そこで、不動産がある場合はオーバーローンの状態になっていないか、どの程度のオーバーローンかが重要なポイントになります。

ですから、離婚を考え始めたときには、ローンの残額と不動産の現在価値を正確に把握しておく必要があります。

不動産の現在価値については、大手の不動産業者であれば無料で査定をしてくれます（インターネットで査定を依頼することもできます）。書面で査定書を出してもらえることも多いです。できれば複数の査定がほしいところですが、簡単な無料査定であってもそれなりに精度があり大いに参考になります。

また、住宅ローンの主債務者ではないけれど**連帯保証人**とされているケースもあります。

もちろんその場合は契約書に保証人として署名押印しているのですが、記憶が定かでない人も多いです。実際に契約書をみて確認しておくことをおすすめします。

それでは**オーバーローンの場合はどうすればよいのでしょうか。**よくみられるのは次のような処理です。

たとえば夫の所有名義となっていて夫が住宅ローンも支払っているが、妻子がすぐに転居することが難しいケースでは、夫の所有名義のままにしておいて、一定期間（子どもが中学や高校を卒業するまでなど）、妻子がそこに住み続けるといった取り決めです。一定期間が経過した後は、妻子が家を出て、所有者である夫が自ら居住する、賃貸に出す、あるいは売却するなどします。

この場合、銀行などとの関係では、住宅ローンの支払義務者は夫のままになります。夫婦の間で取り決めをする際も、この一定期間の住宅ローンは夫がそのまま負担することが多いです。

ただ、その場合、（元）夫の負担のもと（元）妻は住居費が不要となっていますから、この期間の養育費を減額することによって調整することもあります。

確かに養育費は少なくなりますが、（元）妻からすると、住居費の負担がないうえ、居住環境をひとまず変えなくてすむというのは大きなメリットです。

もちろん、（元）夫が住宅ローンの支払いを怠ると自宅不動産が競売にかけられることになりますが、住宅ローンの支払いを滞らせてしまうと対外的な信用を失うことになりますので、養育費の支払いよりも住宅ローンの返済の方が履行の確実性は高いといえます。


妻がずっと住み続けることになった場合、財産分与として**登記名義を妻に変更する**こともあります。

この点、夫が住宅ローンを抱えている場合は登記を移すことが物理的にできないと誤解されている方もいますが、そのようなことはありません。確かに住宅ローンの契約書や約款をよくみると名義変更にあたっては銀行の承諾を要するなどと定められていることが多いのですが、登記を移すこと自体は可能です。その後も住宅ローンが順調に支払われている限り、特に問題となることはないようです。

ただ、名義が変わっても、担保権（抵当権）の効力は及びますので、夫が住宅ローンの支払いを滞らせると競売にかけられて所有権を失うことになります。

ですので、住宅ローンを妻の名義で借り換えるのが理想的です。収入や保証人といったハードルが待ち構えていますが、正社員であるようなときは金融機関にかけあってみる価値はあります。

なお、たとえば妻が**連帯保証人**となっている場合、自宅不動産を売却せずに夫が住み続けるときは、妻としては連帯保証人から外れたいところですが、住宅ローンの債権者である銀行や保証会社が承諾しない限り連帯保証人としての責任を免れることはできません。夫が他に保証能力のある保証人を提供できないときは銀行などが応じてくれないこともありますので注意を要します。

夫が支払いを怠り不動産が競売にかけられても住宅ローンが完済できないときは、連帯保証人としての責任を追及されることになります。また、連帯保証人となっているままでは新たに不動産を購入して住宅ローンを組むことは基本的に不可能です。

ですので、自分が住むこともない不動産の住宅ローンの連帯保証人のままになるといった事態は避けたいところです（もちろん、相手方の収入や不動産の実勢価格、住宅ローンの残債額などの兼ね合いもありますが）。

ポイント

●自宅不動産がオーバーローン（時価よりも残ローンが多い）の状態かどうかを確認することが先決である。そのためには、住宅ローンの残高を確認するとともに、不動産業者に査定を依頼して不動産の現在価値を調べる。

●オーバーローンの場合は、自宅不動産の名義をどうするか、住宅ローンをどうするか、誰が負担するか、誰がいつまで住むかなどを慎重に検討する必要がある。

（3）扶養的財産分与について

これまでみてきた財産分与は「清算的財産分与」といって、夫婦が婚姻期間中に形成した財産を清算するというものでした。

財産分与には、これとは別に**「扶養的財産分与」**と呼ばれるものもあります。

たとえば妻が専業主婦であったため収入を得る途が簡単にみつかりそうになく、離婚すると妻がたちまち経済的に困窮するような場合、そのような妻の離婚後の扶養という意味合いで夫が一定の給付をするというものです。清算的財産分与では妻がめぼしい財産を受け取ることができないケースで特に問題となります。

具体的には夫が妻に一定期間、数万円ずつ支払うといった形になることが多いのですが、裁判例では、夫名義の建物に住む権利を認めた事案もあります。

この扶養的財産分与の裁判例は、熟年離婚で妻が長年専業主婦であったり病気を抱えていたりする事案が多いのですが、最近は若い夫婦の離婚でも、妻が乳幼児を抱えていて直ちに仕事に就くことができないようなケースでも主張されることが多くなってきました。

ポイント

●預貯金などがほとんどなく清算的財産分与がないときは、養育費とは別に離婚の条件として扶養的財産分与を求める余地がある。

（４）年金分割について

離婚する場合、婚姻期間に対応する厚生年金を夫婦間で最大２分の１になるまで分割することができます。

比喩的にいいますと、たとえば婚姻期間中に夫が「90」の厚生年金保険料を納め、妻が「10」の厚生年金保険料を納めていた場合、年金分割によってそれぞれ「50」と「50」の厚生年金保険料を納めていたものとして、将来、各自が厚生年金を受給することができます。

この「50」と「50」となる年金分割の**「按分割合」**を「0.5」といいます。たとえば、夫が「50」と「50」の按分割合は承服できず、自分が「60」となるべきであると主張しても審判などで認められることはまずありません。このことは離婚するまでに別居生活が長く続いていた場合であっても同様です。

そのため、按分割合を「0.5」とするかどうかについて争われることは実際にはほとんどありません。

年金分割の結果、夫から支払いを受けるのではなく、厚生年金として受給できるわけですから、安心感が違います（年金制度も危ういようですが……）。

もっとも、30代の離婚の場合、婚姻期間がそれほど長くはなく、年金分割といっても大した恩恵がないこともあります（具体的にいくら受給できるかは現時点では正確にはわかりません）。共働きの場合は特にそうです。

ですので、年金分割を要求しない代わりに高めの養育費を要求したり、一時金の支払いを受けることを離婚条件とする方が得策であることも考えられます。

年金分割の手続きとして、公正証書を作成するか、調停や審判、判決などで取り決めがなされる必要があります。これらをもとに年金事務所や共済組合などに裁定請求をすることになります。

この年金分割は離婚後であっても請求は可能です。調停を経ずにいきなり審判を申し立てることもできます。この場合、離婚調停などと違って裁判所に出向かずに按分割合を「０．５」とする審判が速やかに下されることが多いです。

ただし、離婚後の年金分割請求には離婚から２年以内という期間制限があることに注意を要します。

ポイント

●離婚するときは、婚姻期間中の厚生年金分を折半することができる。

●年金分割の請求は離婚後もできるので、これを持ちかけると紛糾しそうなときは、先に離婚を成立させてから、（２年以内に）年金分割を請求することも考えられる。

離婚することになった責任を問う——慰謝料

(1) 慰謝料とは不法行為による損害のこと

慰謝料とは、法的には「不法行為によって被った精神的な苦痛の金銭的評価」のことをいいます。

法的に不法行為が成立する場合でなければ慰謝料請求権は発生しないことにご注意ください。

相手方から離婚を求められて応じる場合に慰謝料を要求できるのが当然であると誤解されている方もいますが、不貞行為などの事実がない限り慰謝料請求権は発生しません。離婚を言い出した方が払わなければならないのが慰謝料、別れたいと強く望んでいる分だけ取れるのが慰謝料ととらえられがちですが、これは慰謝料ではなく、**「解決金」「和解金」**

とでも呼ぶべきものです。

離婚したくても簡単には離婚できないことが少なくないのですが、解決金や和解金は、「これだけのお金を払うから別れてほしい」「これだけのお金をもらえるなら離婚してもよい」といった意味合いのお金です。

慰謝料が不法行為による損害であるということは、慰謝料を請求する方が不法行為の事実を主張立証する責任があることを意味します。つまり、**証拠がなければ慰謝料を請求しても認められない**ことになります。

このように慰謝料が不法行為を理由とするものであり、請求する方に立証責任があることから、慰謝料を請求しても実際に認められるケースは意外と少ないといえます。

また、不法行為にもとづく損害賠償請求権は3年で時効にかかりますので、原則として遅くとも離婚から3年以内に慰謝料を請求する必要があります。

ポイント
- **慰謝料は法的に不法行為が成立する場合に認められる損害である。**
- **慰謝料の立証責任は、慰謝料を請求する側にある。**

(2) 離婚原因と慰謝料

繰り返しになりますが、慰謝料とは不法行為にもとづく損害のことです。

性格の不一致が原因で（お互いに合意して）離婚するような場合は、婚姻関係の破たんについて一方が特に有責であるとはいえず、法的には慰謝料は問題となりません。

他方、慰謝料が発生する典型例は相手方による不貞行為や暴力、ＤＶ（ドメスティック・バイオレンス）などの事案です。

この場合でも、暴力があったからといって当然に離婚慰謝料が認められるというわけではありません。離婚する何年も前に暴力を振るったことがあったとしても、それが今回の離婚と結びつかないときは暴力と離婚との因果関係がないことになります。それでも暴力を受けたこと自体の慰謝料は認められますが、金額はわずかのものになりますし、また暴力を受けた時点から３年が経過すると時効になります。

慰謝料の額はケースバイケースとしか言いようがなく、明快な基準があるわけではありません。不法行為に該当する事実の内容はもちろん、婚姻期間の長短や子どもの有無などの事情を総合的に判断して決められます。まことしやかに相場があると言われることもありますが、裁判官個人の裁量によるところが大きく、ピンポイントの予測は不可能に近いです。

ただ、実際に判決などで認められる慰謝料額は一般的なイメージよりもかなり低いです。芸能人の離婚で慰謝料が数千万円支払われたなどと報道されることもありますが、それは判決ではありません。先にご説明したように、その内実は慰謝料ではなく「解決金」と呼ばれるのが相応しいものです。

実際には不貞や暴力といった一方の有責性が明白な事案であっても、２００～３００万円程度にとどまることも少なくありません。

時に協議離婚や調停離婚で１０００万円を超えるような慰謝料の取り決めがされることもありますが、それは慰謝料を支払う側が離婚の原因を作ったとされる有責配偶者に該当する場合です。

有責配偶者からの離婚請求はなかなか認められません。相手方が離婚に応じない限り離婚できないケースが多く、そのため、相手方が納得する金額として非常に高額の慰謝料が支払われるわけです。

ポイント

- **慰謝料が認められるケースでも、実際に判決で認容される慰謝料額は必ずしも高額ではない。**
- **有責配偶者が速やかな離婚・円満な離婚を強く求めるケースでは、協議離婚や調停離婚で極めて高額の慰謝料が支払われることがある。**

(３) 不貞行為の相手方に対する慰謝料請求

夫（妻）が不貞行為をしたときは、妻（夫）は、不貞行為の相手方に対しても慰謝料を請求することができます。

この慰謝料請求は離婚しなくてもできます。

婚姻関係が破たんして修復が困難なケースでは離婚する場合と遜色のない額の慰謝料が認められる傾向にあります。たとえば不貞行為の相手方との関係が依然として続いている場合やその２人の間に子どもができたようなケースです。

夫（妻）に対する離婚請求とともに不貞行為の相手方に対して慰謝料を請求する場合は、家庭裁判所に調停を申し立てたり訴訟を提起したりすることができます。しかし、離婚の問題を進めないとき、つまり夫（妻）を相手にしないときは、家庭裁判所ではなく地方裁判所（請求額が１４０万円以下であれば簡易裁判所）の管轄となります。

男女の関係があった事実自体を争えない場合、不貞行為の相手方がこの慰謝料請求を免れるためには、「関係を持った時点ではすでに婚姻関係が破たんしていた」と主張することになります。婚姻関係が破たんした後の男女関係は不貞行為ではないとされているためです。また、「婚姻関係にあることを知らなかった」と主張することもあります。

しかし、これらの主張が裁判で認められるケースはほとんどありません。

ポイント

●不貞行為の相手方に対しても慰謝料を請求することができる。

●不貞行為の相手方だけを対象に裁判所に慰謝料請求することもできるが、不貞行為をした夫（妻）と相手方をひとくくりにして慰謝料を請求することもできる。前者では地方裁判所（または簡易裁判所）が、後者では家庭裁判所がその舞台となる。

（4）不真正連帯債務

不貞行為をはたらいた夫（妻）と不貞行為の相手方は、法的には、**共同不法行為**を行ったと評価されます。この2人は不法行為の被害者である妻（夫）に対し、連帯して慰謝料を支払う義務を負うことになります。

この関係を**「不真正連帯債務」**といいます。

この堅苦しい呼び名のことはどうでもいいのですが、重要なのは2人が連帯して債務を負うということです。

これが何を意味するかというと、たとえば夫と相手方が３００万円の慰謝料の支払義務を負う場合、妻としては、夫に対して３００万円の請求をすると同時に、相手方に対しても３００万円の請求をすることができます。ただ、たとえば夫が３００万円を支払えば、その効果が連帯債務者である相手方にも及ぶため、相手方の支払義務も消滅することになります（夫が２００万円を支払った場合は、相手方の支払義務は１００万円になります）。**法的にはそれぞれから３００万円ずつの支払いを受けることができるわけではない**ことにご注意ください。

もっとも、このことは意外と知られていないようで、夫（妻）から十分な慰謝料の支払いを受けて離婚した後に不貞行為の相手方に対しても慰謝料請求を行い、相手方からも慰謝料の支払いを受けることが（事実上）できるケースもあります。

また、実際上、２人からトータルで３００万円を超える支払いを受けることができるケースもあります。

それは、離婚の話は進めずにまず不貞行為の相手方に対して慰謝料を請求して、たとえば200万円の支払いを受けます。その上で不貞行為をした夫（妻）が速やかな離婚を求める場合には、実際には100万円以上の慰謝料の支払いを提示してくることがあります。先ほどもご説明したように、有責配偶者からの離婚請求の場合に相当額を超える慰謝料の支払いがなされることがあるというお話がここまで妥当するわけです。

ポイント

- 不貞行為をした夫（妻）と不貞行為の相手方の慰謝料の支払義務は「不真正連帯債務」の関係にある。同時に双方に対し全額を請求することもできるが、一方が支払った効果は他方にも及ぶ。
- 相当とされる額を超える慰謝料の支払いを求めるのであれば、慰謝料を請求する手順を工夫する必要がある。

第4章

サポーターをつける

あなたは1人で離婚しますか？

前章まで、30代の離婚を想定して法的に重要なポイントや実践的なアドバイスをいろいろと書いてきました。

ここまでの内容をしっかりと理解していただければ、巷に溢れている不確かな情報に惑わされることなく、基本的な知識・情報を正確に把握されたといえます。

ただ、離婚問題は知識・情報だけで乗り越えられるほど生やさしくはありません。

離婚はあなたご自身の問題です。他の人に打ち明けにくいことなので何とか自分だけで解決させようと頑張ってしまいがちです。

しかし、多くの人にとって離婚は初めての経験です。わからないことだらけです。

そのため、離婚で失敗しないためにと理論武装に励んでしまいます。

いまはインターネットで検索すれば、たちどころに膨大な情報が簡単に手に入ります。本当に便利な時代になりましたが、情報の洪水に翻弄される危険と隣り合わせでもあります。

それに、インターネットで得られる情報は玉石混淆です。正しい情報かどうか、あなたにとって真に有用な情報かどうか見極めることも簡単ではありません。情報を得れば得るほど身動きが取れなくなってしまうことがあります。

そのため、いざ離婚となると精神的にも大変な負荷がかかることが多く、１人で抱え込んでしまうと精神的にも身体的にも不調を来しかねません。そうなると、辛い日々を送ることになってしまい、離婚する過程で一段と不幸せな思いを味わうことになります。

それでは、どうしたらよいのでしょう?

答えは簡単です。**１人で抱え込まない**ことです。

人間１人が背負うことのできる荷物は限られています。他の人にも荷物を持ってもらいましょう。もちろん、様々な決断を下すのはあなたです。あなたの離婚ですので、もちろん**「プレーヤー」はあなたです。しかし「サポーター」になってくれる人がいれば心強い**

ですよね。

サポーターになってもらえそうな人はいろいろいます。

身近なところでは、あなたの親御さんや兄弟といった親族、友人や知人があなたのサポーター候補です。

専門家のサポーターとしては、私たちのような弁護士の他にも、行政書士や離婚カウンセラー、さらには調査業者（探偵）などがあげられます。

できれば、このようなサポーターと「血の通った」やりとりをしていただきたいです。

インターネット全盛のいま、ネット上やメールのやりとりだけで見知らぬ人はもちろん、友人や専門家と交流を持つこともできます。

しかし、このような関係だけでは本当に頼れるサポーターにはなりにくいです。実際に会ってじっくりと話ができる、十分な時間をかけて電話で話ができる。そういったサポーターを得たいところです。

ただ、ここで注意していただきたいのは、サポーターはサポーターであってプレーヤーではないという事実です。時に難しい決断を迫られることがありますが、最後に決めるのはプレーヤーであるあなたです。

頼りになるサポーターはあなたにいろいろと進言してくれるかもしれません。離婚を決意するかどうか、別居するかどうか、親権をどうするかなどについてさえ「絶対にこうすべきだ」と言ってくれるかもしれません。

しかし、ここで決断することはすべてあなたに降りかかってきます。あとで後悔するようなことがあってもサポーターは責任をとってくれません。離婚を決め、新たな幸せな人生の道を歩んでいくのはあなた自身なのです。

幸せな未来をつかむにはご自分で決断する強さが求められます。あなたのことを一番知っているのはあなた自身です。

サポーターに頼るのは、プレーヤーである自分が自信を持って離婚問題に取り組むためである。そのような心構えを持っていただきたいです。

次に「サポーター候補」の人たちについて順にみていきます。

ポイント

●1人で抱え込まずに「サポーター」の助けを借りる。
●でも最後に決断するのは「プレーヤー」である自分。

親族、友人

最も身近なサポーター候補が、親や兄弟姉妹、そして友人でしょう。

何でも話せる人が身近にいるとずいぶん心強いものです。親身になって話を聞いてもらえるだけでもとても気が楽になります。

まずは**何と言っても親です。**

物理的なサポートを受けられるときは受けます。私たちが言うのも何ですが遠慮は無用です。離婚して幸せになることで恩返しをします。親は子どもが幸せになることを何よりも願っています。そのために力を貸したいとさえ思ってくれています。

具体的には経済的な援助を受けたり、同居などの形で住むところを提供してもらいます。

子どもの面倒をみてもらえれば大変助かります（**「監護補助者」**といいます）。

もちろん、一時的なサポートで終わることもありますが、離婚後も自立できるようになるまでしばらく世話になることもあるでしょう。

特に専業主婦やパート勤務の妻は経済的に困窮することが多いので、可能であれば、このような援助を受けて安定した生活を確保したいところです。当面の生活に不安を抱えていると考え方も消極的になりやすいので、サポートを受けることによって、離婚という名の壁を乗り越えるために必要な高いマインドをキープしたいところです。

ただ、親のなかには、わが子の離婚ということで離婚協議にも積極的に関わろうとする方もおられます。

相手方も親が出てきて、親同士の話し合いが展開されることも実際に見受けられます。当人同士だと感情的になってしまって話にならないようなケースで多いです。

このような離婚協議が功を奏することも実際にあります。２人の溝を深めることなく速やかに円満な離婚が実現することもあります。

ただ、そのためには次の２つの条件をクリアする必要があります。

まず、双方の親が冷静さを保ち、妥協点を模索しようという気構えを持てることが大事です。どうしてもわが子の肩を持ち相手方やその親までも非難しがちですが、そうすると、相手方の親も反撃に出るようになり、かえって対立を深める結果になることも危惧されます。

もう一つは、先にお話ししましたように、あくまでも決断するのは当人である（いや当人が決断しなければならない）ということを親が理解していることです。

親は（もちろん子どものことを思ってですが）遠慮なく自分の考えを披露し、これに子どもを従わせようとしがちです。親の世話になっているだけにこの勢いに抗しがたいのも事実です。

しかし、親の考えが正しいという保証はどこにもありません。結果的に親と同じ考えに至ることは良いのですが、自分で考え自分で決めることが大切です。とことん親と議論するのはむしろ歓迎すべきことですが、最後は自分の意思を尊重してくれるという関係がとても大切です。

次に**兄弟姉妹と友人**ですが、一番ありがたい点はとにかく親身になって話を聞いてもらえるということでしょう。時間無制限（？）でつきあってくれることもあります。

心おきなく話をすることによって、心が落ちつくとともに考えが整理されることもあります。

離婚の相談を受けていても、そのような友人や兄弟姉妹がいる人はどこか落ち着きがありますし、広い視野を確保できているという印象を持つことがあります。反対にそうでない人は苦しい堂々巡りに陥っているのか煮詰まった表情をみせがちです。

もっとも、離婚の問題を包み隠さず友人に話すことは自分の弱みを見せるようでためらわれることでしょう。深い絆で結ばれた友人関係かどうかが問われるところです。

ただ、友人が相手方とも知り合いである場合は、嫌な言葉ですが相手方の「スパイ」になってしまう危険性もまったくない話ではないので気をつけましょう。

また、ここでも、張り切りすぎるタイプの友人らは具体的なアドバイスをしたがります。特に離婚経験者は（よかれと思ってのことでしょうが）自分の考えを押しつけようとする傾向が強いです。

もちろん意見として参考にするのは良いのですが、ここでも最後は自分で決めるという姿勢は維持したいところです。そのような想いを理解してもらえる友人らがいてくれると頼もしいです。

ポイント

- 親は最強のサポーターである。頼れるときは遠慮なく頼る。幸せを取り戻して恩返しをする。
- 冷静な話し合いができ、子どもの意思を尊重してくれるのであれば、親に離婚協議の窓口になってもらう方法も考えられる。
- すべてを話せる、すべてを聞いてもらえる友人や兄弟姉妹がいれば心強い。

離婚カウンセラー

インターネットをみればわかりますように、最近は、「離婚カウンセラー」を名乗る人々が離婚について情報を発信し、またカウンセリングを行っています。

「離婚カウンセラー」という公的な資格があるわけではないので、自称という域を出ません。

テレビにも多数出演している離婚カウンセラーの女性と実際にお会いしたこともありま

すが、その方は非常にパワフルで、離婚の問題に悩んでいる人が頼りたくなるのもわかる気がしました。

婚姻生活に不満があり、離婚も考え始めたという段階であれば、離婚カウンセラーの力を借りることも考えられます。

ただ、この離婚カウンセラーを名乗る人々で気になるのは、カウンセラーと称しつつも、自らが明確な解決指針を相談者に示してしまうきらいがある点です。先の離婚カウンセラーも「離婚しなさいとはっきりと言うことがある」と話していました。

しかし、本来、カウンセリングでは、具体的なアドバイスをカウンセラーがすることはありません。相談者がカウンセリングを通して自らと向き合い、自ら解決策を模索するというのがカウンセリングの鉄則です。

つまり、心理学で言うところのカウンセリングのアプローチをとる人はむしろ少なく、実際には、「離婚アドバイザー」と呼ぶ方がふさわしいでしょう。

離婚カウンセラーのなかには、インターネットで数万円もする離婚マニュアルを販売している方もいます。実際に目にしましたが、申込みページでうたわれているような「絶対にうまく行く！」といった方法はもちろん書かれていません（そもそも、そんな方法はありません！）。

また、離婚の手続きや実態について詳しく書かれていますが、（時には重要な点について）法的に不正確な記述も散見されました。

身近に話ができる友人や親族がいない、かといって、弁護士に相談するのはどうにも気が引ける、そういう方で離婚を思い悩んでいるような段階であれば離婚カウンセラーに相談することも考えられるところです。

ただ、「カウンセリング料」はそれなりにかかりますし、また、最後は自分で決めるというスタンスを忘れないことがやはり大切です。

ポイント

●離婚「カウンセラー」というよりも、離婚「アドバイザー」である。

行政書士

行政書士は公的な資格です。行政書士法という法律に基づいて官公署に提出する書類や権利義務等に関する書類の作成の代理などを行う専門家です。もっとも、行政書士は離婚事件で依頼者の代理人になることはできません。

最近は離婚専門を看板にした行政書士も出てきています。「離婚」などのキーワードで検索すると行政書士のサイトが最上位に表示されることがめずらしくありません。離婚についての著書が多数ある行政書士もいます。

離婚専門をうたう行政書士は、法的に難しい問題が含まれるケースであっても依頼者に様々な法的アドバイスをされています。

確かに離婚事件をあまり手がけていない弁護士よりも、離婚専門を掲げる行政書士の方が頼りになることはあるかもしれません。

しかし、離婚事件に詳しい弁護士に相談することができるのであればそれに越したことはありません。

代理人になってもらうことを前提としなくても弁護士に相談することは可能ですし、離婚協議書や公正証書の作成だけを弁護士に依頼することもできます。

このような形であれば、費用面でも行政書士と弁護士とで大差はないと思われます。

ポイント

- **●離婚条件について争いがほとんどない事案で、離婚協議書や公正証書を作成するときには離婚専門を標榜する行政書士に依頼する余地もある。**
- **●ただ、同じ離婚に詳しい専門家であれば弁護士に依頼・相談する方が確実。**

弁護士

家庭裁判所の調停で代理人となることができるのは（ごく例外的な場合を除いて）弁護士だけです。また、弁護士だけが離婚訴訟の代理人となることができます。

ですので、弁護士に依頼して代理人となってもらって調停や訴訟に臨む人が多いのですが、離婚協議の代理人として弁護士に関与してもらうこともできます。

また、代理人として表に出てもらうのではなく、適宜相談して専門的なアドバイスを受けて自ら離婚の話を進めていく人も少なくありません。

法律のプロとして専門的な教育を受けているので、法律家の「助っ人」としては最も頼りになる存在です。

弁護士に相談するのはハードルが高くて気が引けるという人も少なくないのですが、病気になったときにお医者さんにみてもらうのと同じような感覚で弁護士の「診察」を受けることをおすすめします。

ただ、弁護士に相談するときは、離婚問題を数多く扱っていて離婚事件に詳しい弁護士に相談したいところです。

企業法務が専門であるといった弁護士を除けば、離婚事件を手がけたことがない弁護士はむしろ少数です。離婚の相談に応じることができない弁護士はほとんどいないことでしょう。

しかし、離婚事件には一般民事事件とは異なる特殊性があり、個別・具体的な事案で正確で有益なアドバイスをするためには、経験に基づく「勘どころ」が求められます。

たとえば離婚に伴う財産分与の方法について民法には「家庭裁判所は、当事者双方がその協力によって得た財産の額その他一切の事情を考慮して、分与をさせるべきかどうか並びに分与の額及び方法を定める」との条項があるだけです。裁判例や裁判実務に精通していないと具体的な財産分与のあり方はわからないわけです。

ですので、具体的な事案での法的推論や、裁判官や調停委員、調査官がどのように判断するかの見立ては場数を踏まないと正しくできません。

一般の人にはわかりにくいところでしょうが、事件分野によって弁護士の力量には相当な差があるというのが実際のところです。

語弊があるかもしれませんが、離婚事件に精通していない弁護士に離婚の相談をすることは内科の医師に外科手術を依頼するような危険をはらんでいるのです。

弁護士相談については市役所や区役所、日本司法支援センター（法テラス）などが主催する無料相談というものもあります。

無料というのは魅力的で手軽ではありますが、相談時間が限られているため事案に即して正確で詳細な相談をすることは難しいです。また、相談者が弁護士を選ぶことができないので、相談を担当する弁護士が離婚事件の経験が乏しかったり、離婚問題への関心が少ない可能性もあります。

また、弁護士に代理人として委任する場合はもちろん、相談にとどまる場合であっても、可能であれば複数の弁護士の意見を聞くことをおすすめします。セカンドオピニオンを求めることによって、より正確な助言・情報が得られますし、また真に自分に合った信頼できる弁護士を探し当てることができます。

離婚事件は長期戦になる可能性があり、弁護士との「つきあい」も長期化することがありますので、自分がその弁護士と「良い関係のチーム」を作れるかという視点で弁護士を選んだ方が間違いありません。

そのようにしてサポートを受けることになった弁護士とは強い信頼関係を築くことができます。そうなると弁護士は非常に頼もしく、あなたにとって最強の「サポーター」となりえます。

もちろん重大な決断は「プレーヤー」のあなたが行わなければなりません。弁護士は、あなたを正確で悔いのない行動や判断をするために法律家としてあなたを支える存在であると位置づけてください。

ポイント

●弁護士は最も頼りになる法律家であるが、離婚問題に強い弁護士とそうでない弁護士がいることに注意する。もちろん、離婚事件に強い弁護士に選ぶ。

●弁護士は、あなたが離婚して幸せになるための法的アドバイザーである。弁護士の専門家としての意見を参考に正しい判断を目指す。

エピローグ〜離婚して幸せになるために

本書は「上質な既製服」のようなものです。

一般の方向けの離婚の本は既に数多く刊行されていますが、離婚事件を専門とする弁護士の手によるものは意外と少なく、そのようなか本書はみなさまのお役に立つ一冊に仕上がったのではないかと思います。

ただ、本書はあなたのために書かれたものではありますが、あなただけのために書かれたものではありません。

ご自分のケースとは無関係な事柄も少なくないでしょうし、もう少し踏み込んだアドバイスが必要なところも多いはずです。本書は離婚を考えている30代の方を広く対象にしているため、残念ながらあなたにとって過不足が生じることは避けられません。また、書籍としては著しにくいエピソードやアドバイスがたくさんあることも事実です。

本書は大いに参考にしていただけるものと思いますが、そういう意味でやはり「既製服」としての限界があります。

本書のなかでも折にふれておすすめしてきましたが、やはり、あなたのケースに則した具体的なアドバイスを離婚事件の経験が豊富な弁護士から直接受けることに優るものはありません。「最高級のオーダーメイド服」を身にまとうようなものといえます。

弁護士に相談することはハードルが高いように思われるかもしれません。しかし、私たちの法律事務所に相談に来られた多くの方が「迷っていたけれど、思い切って相談に来て本当によかった」といった感想をもらされます。あなたの身近にも離婚事件に熱心に取り組んでいる弁護士がいると思いますので、インターネットなどで探して一度だけでも相談に足を運ばれることをおすすめします。

もちろん弁護士からアドバイスを受けることになっても、本書は頼りになる参考書としてご利用いただけることでしょう。

30代であれば新しい人生を切りひらくチャンスがまだまだ残されています。

離婚という人生の一大ピンチをチャンスに変えて、幸せな人生を手にされることを願ってやみません。

平成24年1月

姉小路法律事務所
弁護士 大川浩介
弁護士 辻　祥子

大川浩介（おおかわ こうすけ）弁護士

昭和43年、京都市伏見区生まれ。神戸大学法学部法律学科卒業。平成12年、司法試験合格。平成15年、弁護士登録（京都弁護士会所属）後、京都中央法律事務所に入所。平成18年、独立して姉小路法律事務所を開設する。現在、辻弁護士とともに多くの離婚案件を手掛けている。

辻祥子（つじ しょうこ）弁護士

昭和45年、滋賀県生まれ。京都大学法学部卒業。平成13年、司法試験に合格。平成15年、弁護士登録（京都弁護士会所属）後、酒見法律事務所に入所。平成20年、姉小路法律事務所に入所。現在、大川弁護士とともに多くの離婚案件を手掛けている。

姉小路法律事務所（あねやこうじほうりつじむしょ）

〒604-0801

京都市中京区丸太町通堺町西入鍵屋町65

コートサイト丸太町ビル201

TEL 075-253-0555

http://www.aneyalaw.com/

info@aneya.com

弁護士が書いた　30代離婚の教科書

2012 年 3 月 8 日　初版発行

著　者　**大川浩介　辻祥子**
発行者　**野村直克**
発行所　**総合法令出版株式会社**
〒107−0052　東京都港区赤坂1−9−15
日本自転車会館2号館7階
電話　03−3584−9821㈹
振替　00140−0−69059
印刷・製本　**中央精版印刷株式会社**

ISBN978−4−86280−292−7